부캐로 돈 버는 시대
당신은 부캐를 갖고 있나요?

부캐로 돈 버는 시대
당신은 부캐를 갖고 있나요?

초판 1쇄 펴낸날 | 2021년 10월 15일

지은이 | 최용규
펴낸이 | 도서출판 피플앤북스
공급처 | 도서출판 하늘아래

주소 | 경기도 고양시 일산동구 하늘마을로 57-9 3층 302호
전화 | 031-976-3531
팩스 | 031-976-3530
이메일 | haneulbook@naver.com

등록번호 | 제300-2006-23호

©피플앤북스, 2021
ISBN 979-11-5997-066-5(03190)

부캐로
돈 버는 시대

당신은 부캐를 갖고 있나요?

최용규 지음

피플앤북스

요즘 아이들에게 유행한다는 제페토라는 애플리케이션 어플을 내려받았습니다. 셀카로 얼굴을 찍으니 아주 깜찍한 캐릭터가 만들어집니다. 내 아바타라고 합니다. 이름을 지어주고 가상현실로 입장합니다. 요즘 유행한다는 최신 헤어스타일과 메이크업으로 꾸미고 패션 아이템을 장착합니다. 3D 아바타로 분한 또 다른 나는 이제 가상 공간에서 게임도 하고 소셜미디어 활동도 즐깁니다. 가상 공간에서는 아주 쉽게 '부캐'를 만들수 있습니다. 이제는 현실에서 부캐를 만들 차례입니다.

당신은 '부캐'를 갖고 있나요?
'직장인 4명 중 1명이 본업 외에 부업 활동'을 하고 있습니다. 2020년 말, 명함관리 앱 '리멤버'가 직장인을 대상으로 한 설문조사 결과입니다. '부업 혹은 사이드프로젝트 등을 하고 있거나 할 생각이 있느냐'는 질문에 23%가 '하고 있다'고 답했습니다. 여기에 더해 '지금은 하지 않지만, 앞으로 할 생각이 있다'는 사람이 66%나 되니 그 숫자가 의외로 많습니다. '부업(?)'에 대한 관심과 필요성이 그만큼 높아졌다는 증거라 할 수 있습니다.

2020년 등장한 신조어가 있습니다. 바로 '부캐'입니다. '부캐'는 '게임에서 사용되던 용어로 온라인 게임에서 본래 사용하던 계정이나 캐릭터 외에 새롭게 만든 부캐릭터를 줄여서 부르는 용어'입니다. 본래의 캐릭터(본래의 직업)를 '본캐', 부차적인 캐릭터(부업)를 '부캐'라 하니 우리에게 익숙한 '투잡'의 의미와는 또 다른 의미의 신조어입니다.

특히 미디어 콘텐츠 업계에서 부캐 활용이 활발한데, 2020년 MBC 예능 프로그램 〈놀면 뭐하니?〉에 등장한 유산슬(유재석의 부캐인 신인 트로트 가수)이 그 시작이라고 할 수 있습니다. 이후 김신영(둘째이모 김다비), 혼성댄스그룹 싹쓰리(SSAK3)의 이효리(린다 G)와 비(비룡) 등이 부캐로 등장하면서 큰 화제를 일으켰습니다. 이러한 부캐는 연예인으로서는 기존에 가지고 있던 이미지를 탈피할 수 있는 것은 물론 시청자에게 새로운 모습을 보임으로써 신선한 재미를 제공할 수 있어 점차 그 활용이 확대

되고 있습니다.

연예인들의 '부캐'가 이어지자 취미로 혹은 또 다른 직업을 병행하고 있던 일반인들 사이에서도 '부캐' 바람이 불기 시작했습니다. 동력은 젊은 세대들의 '부캐'에 대한 높은 호감입니다. 취업 플랫폼 '잡코리아'의 '부캐 문화 열풍' 설문조사 결과가 그것을 증명합니다. 이 설문조사에서는 응답자의 64.9%가 일반인까지 확산되고 있는 부캐 문화 열풍을 '긍정적'으로 받아들였습니다. 그 이유로 응답자 절반 이상이 '다양한 자아 정체성을 표출할 수 있다'고 답했고, '새로운 자아 발견'이나 '현실에서 포기된 꿈 및 취미 실현'을 그다음 이유로 꼽았습니다. 물론 '거짓 행동 같다'거나 '디지털 세상이 가져온 양면적인 모습' 등의 부정적 견해도 있지만 자신의 정체성에 대한 다양한 고민이 표출된 '부캐' 바람은 이미 '투잡'을 지나 'N잡러'시대로 들어선 지금, 더 확산될 가능성이 커지고 있습니다.

부캐로 활동하는 직장인이 늘고 있습니다. 퇴근 후 유튜브 촬영·편집을 하거나 주말에 요가 강사로 일하는 등 부업을 합니다. 코로나19 사태로 경제 불확실성이 커지면서 부캐를 활용한 '투잡' 열풍이 뜨거운 가운데 이를 지원하는 IT 플랫폼이 주목받고 있습니다.

프리랜서 마켓 크몽의 경우 2020년 11월 기준 누적 거래액은 1,000억 원 이상, 누적 가입자 수는 120만 명 이상을 기록했습니다. 전문가 서비스 등록 숫자도 지난해 같은 기간과 비교해 100%가량 늘었습니다. '숨은 고수'와 이용자를 연결하는 매칭 플랫폼 숨고 역시 같은 해 11월 기준 누적 이용자 수 530만 명, 누적 견적 발송 수 1,800만 건을 달성했습니다. 고수와 이용자 매칭은 11월에만 90만 건을 기록했습니다.

재능기부 플랫폼의 성장은 부수입 창출에 나선 직장인이 늘고 있기 때문입니다. 이들 플랫폼을 이용해 자신의 전문성을 서비스로 상품화하거나 부업 성공을 위해 다른 사람의 노하우를 배웁니다. 이들 플랫폼이 복잡한 유통과 관리, 정산 등을 대신 해주면서 직장인들이 퇴근 후 원하는 시간, 편한 장소에서 투잡 활동이 가능한 현실이 된 것입니다.

'부캐 열풍'이 심상치 않습니다. 매년 새해 트렌드를 예상해온 김난도 서울대 소비자학과 교수는 '핵심 키워드'로 '멀티 페르소나'를 꼽았습니다. 가면을 바꿔 쓰듯, 매 순간 서로 다른 정체성을 가진 사람으로 변신하는 다층적 자아를 가리킵니다. (본래 페르소나는 그리스 고대극에서 배우들이 사용하던 가면을 지칭하

8

는 말입니다.)

트위터·페이스북·인스타그램 등 소셜 미디어를 통해 다른 정체성을 드러내고 부계정을 여러 개 만드는 요즘 '멀티 페르소나', '부캐'는 사실 낯설지 않은 개념입니다. '다음 카페'가 생겨날 때부터 본격적으로 사용한 아이디나 싸이월드 전성기 시절 아바타도 따지고 보면 부캐 개념입니다.

부캐는 기존과 다른 모습을 보여줄 수 있을 뿐만 아니라, 본캐의 스펙트럼을 자연스럽게 넓히는 계기가 돼 한동안 열풍이 이어질 것입니다

저는 세 개의 부캐(택스코디, 북스빌더, 잡빌더)를 가지고 있습니다. 각 부캐마다 각기 다른 콘텐츠를 가지고 있고, 그것을 활용해서 원하는 시간만 일을 하고 경제적 자유를 누리며 살고 있습니다. 본 책에서 그동안 갈고 닦은 저만의 노하우를 공개할까 합니다.

자, 그럼 시작해 볼까요.

차례

Chapter 2

부캐를 완성하다(북스빌더)

Chapter 3

부캐를 기획하다(잡빌더)

Chapter 1

부캐를 시작하다(텍스코디)

━━➤ 캐릭터 소개 :

택스코디 _ 세무사도 아닌 주제에 세금 관련 책(하마터면 세금 상식도 모르고 세금 낼 뻔 했다, 2시간에 끝나는 부가가치세 셀프신고 외 다수)을 쓰고 강의를 한다

01

독보적인 콘텐츠

√첫 번째 부캐, 택스코디

하나의 모습으로만 살기에는 한 번뿐인 인생이 조금 아깝지 않나요. 한 번도 꺼내지 못했지만 내 안에 꿈틀거리는 에너지를 부캐라는 형태로 움직여보면 한 번쯤 살아보고 싶었던 나의 첫 캐릭터가 서서히 잡힐 겁니다.

저의 첫 캐릭터는 '택스코디'입니다. 택스코디란 닉네임만 들어도 대충 무슨 일을 하고 있는 지 감이 오나요?

닉네임에서 보듯이 택스코디는 세금 관련 강의를 하고 책을 쓰는 캐릭터이며, 책이 팔리면 생기는 인세, 그리고 강의료가 주된 수입원입니다. 현재 택스코디 부캐로만 직장인 평균 월급 이상의 수입을 올리고 있습니다.

세금 강의를 하면 청중들이 늘 던지는 질문이 있습니다.

회계사무실이 어디에 있나요? 세무사님께 기장을 맡기고 싶어요.

고맙게도 제 강의가 마음에 들었나 봅니다. 그런데 저는 세무사가 아닙니다.(왜 사람들은 세무 강의를 하는 사람은 당연히 세무사로 단정 지을까요.)

세무사가 아니라는 저의 답변에 청중들은 한 번 더 놀랍니다. 그리고 대단하다면서 다시 한번 박수를 보냅니다.

처음부터 제 자랑으로 시작 했네요. 전달하고 싶은 바는 그게 아닌데 말이죠.

'세무사도 아닌 사람도 세무 강의를 할 수 있다. 누구나 지식 콘텐츠로 부캐를 만들 수 있다.'는 말을 하고 싶었던 것입니다.

부캐는 즐겁고 자신감 있는 내 인생을 위한 가장 재미있는 놀이이자, 리스크가 전혀 없는 투자입니다. 지금 당장 노트를 펼쳐 내 안에서 꺼내고 싶었던 나의 부캐를 적어 소환해봅시다. 지금은 작은 시도로 보이지만 1년, 2년 지나다 보면 당신은 완전히 다른 삶을 살고 있을 겁니다. 부캐를 하기 전엔 상상도 못 했던 삶을 말이죠.

19

부업도 재테크도 좋지만, 우선 잠들어있던 당신의 부캐부터 흔들어 깨워볼까요. 얼마 지나지 않아 당신의 인생에 자존감, 자부심, 자신감이라는 더 큰 자산으로 돌아오는 것을 당신도 느껴보길 바랍니다.

내 쓰임의 의미와 가치를 찾기 어려운 요즘, 누구나 쉽게 부캐를 만들어 자신의 인생을 즐겁고 주도적으로 채워 나갔으면 합니다. 누구의 색깔도 아닌 자신만의 색깔로 말이죠.

만약 인생이 마음대로 되지 않아 답답하다면, 오히려 지금이 부캐를 시작하기 아주 좋은 시기입니다. 막혔다고 생각했던 당신의 삶에 변화가 찾아올 것을 저는 알고 있습니다.

바쁘게 일하며 살아가고 있는 당신, 잠시 주변을 둘러보니 본업에서 퇴근하고 남는 시간을 이용하여 좋아하는 일에 도전 중인 사람들이 눈에 들어옵니다. 퇴근 후에도 멋지게 사는 삶이 부럽다면, 당신도 똑같이 짬을 내기만 하면 됩니다.

답답한 현실, 불투명한 미래… 뭔가 계획해봐도 매번 흐지부지 끝나나요? 그럴 땐 복잡한 생각은 잠시 접어두고 부캐를 시작해보세요. 부캐는 본업을 유지하면서 남는 시간을 이용해 나만의 일을 시작하는, 새로운 라이프 스타일입니다.

본 책에는 제가 직접 겪고 시도했던 부캐를 바탕으로 그동안 부러워만 했던 삶을 부캐로 실현해본 경험과 노하우, 그리고 다양한 사례들까지 정리해 놓았습니다.

　내 안의 부캐를 소환하는 법부터 자기만의 브랜드를 갖기까지, 책 속의 여러 가지 이야기를 차근차근 수행하여 당신만의 부캐를 만들어 보세요.

√부캐, 어떻게 시작할까

'긱(gig) 이코노미' 'N잡러' 등의 용어가 이미 대중화됐지만 여전히 많은 사람은 회사나 조직에 소속돼 일합니다. 탁월한 역량을 바탕으로 자발적으로 회사를 뛰쳐나가 큰 수익을 올리는 사람들도 있지만 아직은 일부의 이야기입니다. 코로나19는 조직에서 벗어나 홀로 일하는 '인디펜던트 워커(Independent worker)'의 성장을 촉발시켰습니다. 코로나19로 인해 재택근무가 '뉴노멀'이 되면서 조직 내 업무 중 불필요하거나 외주로 대체 가능한 업무들이 눈에 띄기 시작했기 때문입니다. 또한 감염병 사태로 인한 실적 악화를 겪고 있는 기업들이 이들 직무에 대한 구조조정을 실시할 가능성이 크기 때문입니다.

디지털 플랫폼의 부상은 인디펜던트 워커의 부상을 더욱 부추

기고 있습니다. 특히 노동을 거래하는 온라인 마켓플레이스의 등장은 자발적으로 인디펜던트 워크를 선택하는 사람의 수를 늘리고 있습니다. 이유는 다르지만 인디펜던트 워크가 미래 노동의 방식이 될 것이라는 것은 부정할 수 없는 사실입니다.

여러 가지 부캐를 가지고 있는 '일락'이란 가수가 있습니다.

일락은 음악에 대한 회의가 생긴 적이 있었는데, 그는 다른 방법으로 삶을 영위할 방법을 찾아 다른 직업군에 도전을 많이 했습니다. 현재도 기업에서 직장생활을 하고 있습니다.

그는 지금 직장 이전에는 기획 제작 일을 했는데, 당시 그룹 '마마무'라는 이름을 직접 지어주기도 했습니다. 마마무의 이름을 지어준 후 데뷔하는 모습을 보고 퇴사를 했고 마마무가 지금 잘 되고 있는 모습이 좋다고 합니다.

일락은 "평생 직업을 찾고 싶다"라는 생각에서 여러 직업에 도전했습니다. 그는 목수로도 일을 해 봤으며, 공유 킥보드 회사에서 인력 회사에서도 일했습니다.

다양한 부캐를 가진 일락은 본캐를 잊지 않고 지난 2019년 6월에 노래를 발표하기도 했습니다. 기다리는 팬들을 위해 노래를 서둘러 발표해 보도록 하겠다고 약속했기 때문입니다.

일락은 최근 캠핑에 관한 관심을 언급하며 또 다른 부캐 만들기를 시작합니다. 그는 전문가라고 하기에는 그냥 즐기는 정도이지만, (캠핑을 즐긴 지 이제 10년이 좀 넘었다고 합니다.) 그는 캠핑과 관련한 콘텐츠를 유튜브 채널에도 올리고 있습니다.

그는 캠린이들에게 캠핑 팁을 전하고 있습니다.(다른 장에서 강조하겠지만 이런 팁, 즉 부캐의 캐치 프레이즈 설정이 중요합니다.)

일락은 "불편함을 감수해라"를 첫 번째 팁으로 꼽습니다. 불편함을 감수할 각오가 없으면 캠핑을 할 수 없다"라고 또 다른 부캐의 캐치프레이즈를 정한 것입니다.

이어 "무조건 사지 마라"를 하지 말아야 할 것으로 말합니다. 캠핑은 장비를 사고 바꾸는 재미가 있지만, 첫 캠핑을 하기 전부터 장비를 '풀 장착' 하지 말라는 의미라고 합니다. "캠핑을 여러 번 반복하며 본인에게 맞는 장비들을 하나씩 갖춰 가는 게 맞다"라고 캠핑을 잘 즐기는 방법을 전합니다.

일락은 캠핑 음식에 대해 "캠핑에 가면 대체로 고기를 먹는데, 캠핑 장소의 마트를 사용한다."라고 합니다. 그는 "빈손으로 가서 그 지역의 마트를 이용하는 것이 지역 경제에 조금이나마 도움이 되는 일이기도 하고 특산물 같은 것도 구할 수 있어서 그렇다"라고 덧붙입니다.

더해 캠핑장 비매너 캠핑족들 때문에 힘들었던 경험을 말하는 사람들에게 일락은 "가족 동반 가능, 반려견 동반 가능, 새벽까지 놀아도 되는 캠핑장 등 콘셉트를 확실하게 정해둔 캠핑장들이 늘고 있다"라며 본인에게 맞는 캠핑장을 찾아 가면 좋다고 조언합니다.

끝으로 일락은 오히려 날씨가 좋지 않을 때 캠핑 가는 것을 좋아한다고 합니다. "날씨가 좋으면 자연을 구경하러 사람들이 흩어지는데 날씨가 좋지 않으면 캠핑 장소로 사람들이 모이게 되면서 대화의 기회가 많아지고 오손도손한 분위기가 커진다."라며 이유를 설명합니다.

발칙한 캠핑전문가 일락, 제법 괜찮은 부캐 아닌가요? 일락처럼 자신의 취미가 부캐로 연결될 수도 있습니다.

당신도 부캐 만들기에 도전해 보세요. 언제? 지금 당장!

√나만의 부캐 만들기

부캐를 만들어 활용할 수 있는 일의 분야는 정말 다양합니다. 저는 택스코디라는 부캐에 맞게 '2시간 세금 강의'라는 제목의 서비스를 재능마켓 플랫폼에 올렸습니다. 2년 전 그때의 기억이 지금도 고스란히 남아있습니다.(그땐 제가 이렇게 성장할 줄은 꿈에도 몰랐습니다.)

앞으로 나오는 내용은 많은 입문자들이 순서대로 시작하면 다양한 분야로 응용할 수 있고 어떤 분야든 이 메뉴얼로 동일하게 실행할 수 있습니다.

캐릭터 설정 후 제일 먼저 해야 할 일은 숨고, 크몽 등 재능마켓 플랫폼에 가입을 하고 프로필 등록입니다.

다시 한번 강조하지만, 인맥이나 경력(이력)이 있다면 굳이 재능마켓 플랫폼을 사용하지 않아도 됩니다. 하지만 아무것도 없이 처음 독립사업을 시작하는 사람들에게는 재능마켓 플랫폼을 이용하는 것을 추천합니다.

랜딩페이지(참고로 저는 블로그가 랜딩페이지입니다.)를 만들어서 여러 가지 방법으로 고객을 만날 수도 있지만, 처음 시작하는 단계에서는 투자 시간 대비 수익전환율이 낮습니다. 하지만 재능마켓 플랫폼에는 서비스를 원하는 소비자들이 모여있기 때문에 인맥이나 경력이 없을 때도 충분히 부캐, 즉 인디펜던트 워커로서 첫 걸음을 내딛을 수 있게 해줍니다.

그런 다음에 레퍼런스를 쌓고 고객과의 관계를 잘 유지하다 보면, 단골이 생기고 다른 사람에게 추천을 해준 후 다시 의뢰가 들어오는 선순환이 생깁니다. 이 루트를 통해 지속적인 수입을 만들고 독립사업을 할 수 있는 발판이 되어 줄 것입니다.

먼저 프로필을 등록하면서 미리 정해둬야 하는 사항은 크게 세 가지로 요약할 수 있습니다.

(이 세 가지는 일을 하면서 계속 업데이트할 수 있는 내용입니다. 따라서 처음에는 대략적인 기준만 생각해 놓는 걸로 충분합니다.)

1. 서비스 가격

재능 플랫폼에 이미 올라온 다른 서비스들과 비교해서 적정한 가격을 정합니다. 처음 시작할 땐, 경쟁력이 충분하지 않기 때문에 '가격 경쟁력'이라도 얻기 위해 최저가로 많이 시작합니다. (참고로 저는 처음에 2시간 강의 비용을 5만 원으로 올렸습니다. 지금은 100만 원을 받고 있습니다. 그 비결은 책을 충분히 정독하면 터득 가능합니다.)

크몽의 경우 가격이 크게 표시되는 페이지 특성상, 처음 시작하는 사람이 아니더라도 싼 가격을 메인에 올려두고 상담을 하며 좀 더 붙여가는 식으로 합니다. (디자인 서비스를 제품 쇼핑몰처럼 만들어 놓은 크몽의 문제점이기도 합니다.)

'숨고'도 프로필에 가격을 올려두긴 하지만, 여기서 만났던 고객들은 대부분 어느 정도의 예산이 있는지, 어느 정도의 가격을 원하는지 먼저 이야기를 했고 조건을 바탕으로 상의를 하며 최종 가격을 정하는 경우가 많습니다.

2. 고객 응대 매뉴얼

고객을 한 명도 만나보지 않은 상태로 응대 매뉴얼을 만들긴 어렵습니다. 따라서 고객이 문의를 하면 어떤 식으로 응대 할 지 대략적으로 정하면 됩니다.

예를 들면 내가 작업을 하기 위해 필요한 것은 무엇인지 생각해보고 문의가 들어왔을 때, 아래와 같은 자료를 요구하면 됩니다.

가령 회사소개서 디자인이라면 기획된 내용이나 초안 자료, 선호하는 디자인의 예시를 볼 수 있는 레퍼런스, 선호하는 컬러, 기업의 로고 파일 등을 요청할 수도 있고, 로고 디자인이라면 원하는 로고의 유형, 브랜드 스토리, 탄생 배경, 업종, 브랜드명의 의미 등을 요청할 수 있습니다.

3. 작업기간

고객이 의뢰를 하면 대략 어느 정도의 작업 기간이 소요될지 안내를 해야 합니다. 만약, 고객이 30페이지 분량의 회사소개서를 2일 안에 작업해 달라고 요청을 한다면 실제 작업하는데 어느 정도가 소요될지 고려하여 의뢰를 받거나 작업 기간을 조정해야 합니다.

처음엔 작업 해 본 경험이 충분치 않기 때문에 작업 시간의 평균값을 내기가 어렵습니다. 따라서 충분한 기간을 잡아두는 게 좋습니다.

√ 나만의 포트폴리오 만들기

포트폴리오 만들기는 프로필 등록 후 다음 단계에 하면 좋습니다. 처음부터 다 준비된 상태로 시작(일 못하는 사람이 이런 식입니다.)하려면 시작 단계부터 오래 걸리기 때문에, 일단 프로필부터 등록하고 차근차근 단계를 밟아가면 됩니다.

그런데 포트폴리오를 시작하기도 전에 의뢰가 먼저 들어올 수도 있습니다. (숨고는 프로필이 바로 등록되기 때문에 의뢰가 바로 들어올 수 있고, 크몽의 경우 심사가 일주일 이상 걸립니다. 따라서 의뢰를 기다리는 기간에 포트폴리오를 만들면 됩니다.)

포트폴리오가 없는 상태에서 시작해도, 하나씩 만들어가면 되니 걱정하지 않아도 됩니다.

포트폴리오는 핀터레스트나 비핸스 등의 로고 디자인 사이트에서 내가 제공할 서비스의 결과물들을 미리 둘러보고 어떤 식으로 디자인을 할 건지, 고객이 참고할 수 있을 정도만 되도 충분합니다.

저는 최대한 심플하면서 콘텐츠가 잘 드러나는 디자인(디자인이라고 하기에도 민망했습니다.)들로 포트폴리오를 만들었고, 시간이 날 때마다 하나씩 추가하면서 포트폴리오를 늘려갔습니다.

올린 프로필을 보고 고객에게 연락이 오면, 곧바로 답장 하는 것이 중요합니다. 조금 귀찮을 수도 있지만, 처음 독립사업을 시작하는 단계라면 친구랑 놀고 있을 때도 고객의 문의 메시지를 받으면 바로바로 답장 하는 것이 중요합니다. 나중에는 시간을 정해두고 그 시간에만 응대를 한다고 안내할 수도 있지만, 처음에는 빠른 답장조차 중요한 경쟁력이 될 수 있다는 것을 명심해야 합니다.

미리 고객 응대 매뉴얼을 생각해둬야 한다고 말한 이유가 이 때문입니다. 미리 생각해두지 않으면 어떻게 답장할지 우왕좌왕하다가 미숙한 응대 혹은 늦은 답장으로 고객이 떠나가버릴 수 있기 때문입니다.

고객을 응대할 때 중요한 건 두 가지로 요약할 수 있습니다.

고객은 내가 처음 시작했는지, 초보자인지 모르는 상태입니다. 전문가 프로필을 보고 연락을 한 것이기 때문에 당연히 이 분야의 전문가라고 생각하고 도움을 요청하는 것입니다. 따라서 지레 겁을 먹고 고객의 메시지를 무서워하면 티가 날 수밖에 없습니다.

'나는 전문적인 인디펜던트 워커다'라는 자기암시를 하고 상담에 임하면 좋습니다.

그리고 고객 응대 매뉴얼을 미리 준비해놨다고 고객이 하려고 하는 말을 듣기도 전에 복사 붙여넣기 해서는 안 됩니다. 일단, 고객이 문의를 하면 간단한 인사와 함께 어떤 것이 필요한지 듣는 게 중요합니다. 계속 질문을 해가면서 고객이 원하는 바를 정확히 알아야 합니다.

그런데 고객이 질문을 하고 내가 대답을 하는 대화형식이 반복되면 중간에 끊길 가능성이 높습니다. 대화의 주도권을 잡기 위해서는 내가 주로 질문을 하고 대답을 정리하면서 앞으로의 서비스에 대해서 안내하는 방식으로 이끌어나가야 합니다

√레퍼런스가 쌓이면 돈이 된다

한두 명씩, 상담을 하고 작업을 시작하게 되면 레퍼런스가 쌓입니다. 그럼 바로바로 프로필 경력에 업데이트를 해놓는 것이 좋습니다.

또한, 고객의 후기나 피드백도 모아두는 것이 좋습니다. (크몽의 경우 서비스 만족도 및 후기를 필수로 입력해야 해서 따로 요청할 필요는 없습니다.)

레퍼런스를 쌓아가면서 해야 할 일은 시작 단계에서 대략 정해뒀던 응대 매뉴얼, 작업기간 등을 좀 더 구체적으로 업데이트하는 것입니다. 저는 강의안을 계속해서 수정하고 세분화했습니다. 만약 디자인 서비스의 경우라면 수정작업 횟수나 원본 파일 제공 등에 따라서 응대 매뉴얼이 변경될 수 있으니 구체적인 내용들을 프로필에 업데이트해 두면 좋습니다.

포트폴리오도 작업이 끝나고 다음 의뢰가 들어오기 전까지 중간중간 만들어가면서 프로필에 추가할 수 있습니다.

레퍼런스가 어느 정도 쌓였을 때 수요가 많아지면 모든 의뢰를 받기 어려운 시점이 있습니다. 이때부터 가격을 조금씩 올려가며 의뢰 수를 조정해가야 합니다.(참고로 저는 두 배씩 올려갔습니다.) 물론, 의뢰가 많아질 때까지는 다양한 고객과 작업을 해보고 포트폴리오도 계속 추가하는 과정이 필요합니다.

이 단계부터는 정식으로 계약 요청을 하는 회사를 만나거나 단골 고객이 어느 정도 생기게 됩니다. 그런 기회들을 잘 활용한다면 조금 더 빠른 시간 내에 시간적, 공간적 제한에서 벗어나 독립적으로 일을 하는 인디펜던트 워커로 거듭날 수가 있습니다.

새로운 도전의 갈림길에 선 이에게 '해보지 않으면 모른다'고 말하는 사람은 많습니다. 그럼에도, 그 '해보는 것'이 어렵게 느껴질 때가 있습니다.

도전을 하기 이전보다 더 안 좋은 상황에 놓일까 봐 잘하지 못하고 실패할까 봐 등의 이유로 말이죠.

그러나 혹여 잘되지 않더라도 미래의 나는 분명히 지금의 내가 열심히 노력했기에 나 자신이 불행해지도록 가만히 내버려 두지 않을 것입니다 현재의 자신만큼 미래의 자신을 믿고 앞으로 뚜벅뚜벅 나아가면 됩니다.

작년 한 해를 관통한 키워드를 꼽자면 단연 부캐일 것입니다. 최근 들어 이 말은 브라운관을 넘어 일상의 트렌드로 자리 잡으며 많은 사람들이 내 안의 다양한 자아를 긍정적으로 발산하는 사회 현상으로 확대되고 있습니다.

부캐 열풍은 내 안의 여러 개성을 솔직하게 표현하길 원하는 MZ세대 등장과 타인을 있는 그대로 바라보는 사회 인식 변화, 유튜브와 인스타그램 등을 중심으로 하는 1인 미디어 확대가 종합적으로 작용해 나타난 것으로 보입니다. 이뿐만 아니라 누구나 쉽게 영상 및 사진 콘텐츠를 제작하고 편집할 수 있게 된 크리에이티브 제작 툴의 혁신도 부캐 열풍의 숨은 조력자가 되어주고 있습니다.

저 또한 2019년부터 조금 다른 나의 모습으로 다양한 '업'을 만들어 부캐 활동을 하고 있습니다. 직장, 배경, 세대 차이를 넘어 소셜미디어 상에서 고객들이 원하는 니즈를 파악해 사업자들의 세금 고민을 상담해주는 블로그(https://blog.naver.com/guri8353, 세금 인플루언서 택스코디의 세금이야기)를 개설한 것입니다. 이곳에서 저는 20여 년간 크고 작은 사업을 해온 사업가 최용규가 아닌, 사업을 하면서 자연스럽게 배우고 체득한 절세 노하우를 공유하며 구독자와 공감하고 사장님들과 소통하는 도우미 같은 멘토 역할을 하고 있습니다.

부캐 활동을 지금까지 이어오며 저는 종전의 커리어에서 기대하거나 생각하지 못한 변화를 경험하고 있습니다.

세대를 뛰어넘는 다양한 블로그 이웃들을 사귀었으며 구독만 하던 콘텐츠를 기획·촬영하고 편집하는 제작 과정에도 직접 참여하게 되었습니다. 더 나아가 제가 전달하고자 하는 스토리와 머릿속을 맴도는 아이디어를 근사한 영상이나 비주얼 콘텐츠로 쉽게 구현할 수 있는 크리에이티브 기술의 진화에 놀라움을 느끼며 그 필요성 역시 절감하고 있습니다.

이러한 요구는 전 세계 크리에이터 사이에서도 동일하게 나타나고 있습니다. 어도비 설문조사에 참여한 크리에이티브 전문가들은 코로나19 이후 더욱 높아진 디지털 콘텐츠 수요에 발맞춰 자신의 스킬 향상과 원활한 작업을 돕는 협업 툴을 원한다고 답했습니다. 또한 궁극적으로 이를 지원할 수 있는 혁신적인 크리에이티브 툴이 필요하다고 입을 모았습니다. 단 하나의 역할에 얽매이지 않는 부캐 열풍은 비대면 트렌드를 타고 더욱 확산되고 있습니다.

많은 사람이 내면에 잠재된 또 다른 열정을 찾아 새로운 나를 표현하고 소통한다면 개인의 삶은 풍성해지고 사회에는 좀 더 활기가 돌지 않을까요.

이제 당신 차례입니다. 전혀 어렵지 않습니다. 제가 경험한 것이므로 자신 있게 말할 수 있습니다.

다음 장으로 이동해 볼까요.

02

반복의 힘

√ 직장인 부캐 열풍

'부캐(평소의 내가 아닌 새로운 모습·캐릭터를 뜻하는 말)'로 활동하는 직장인이 늘고 있습니다. 퇴근 후 유튜브 촬영·편집을 하거나 주말에 요가 강사로 일하는 등 부업을 합니다.

본업을 그만두지 않으니 부담은 없고, 좋아서 하는 일이라 즐겁고, 그 결과는 기대 이상의 성과를 거둘 수도 있습니다. 만약 인생이 마음대로 되지 않아 답답하다면 부캐를 시작하기 아주 좋은 시기입니다. 막혔다고 생각했던 내 삶에 변화가 찾아올 겁니다. 부캐를 통해 인생의 즐거움을 되찾고 내 안의 새로운 모습, 다양한 가능성을 찾아보세요. 당신의 부캐 만들기를 응원합니다!

코로나19 사태로 경제 불확실성이 커지면서 부캐를 활용한 '투잡' 열풍이 뜨거운 가운데 이를 지원하는 IT 플랫폼이 주목받고 있습니다.

재능 거래 플랫폼 시장이 확장세를 보이고 있습니다. 프리랜서 마켓 크몽의 경우 2020년 11월 기준 누적 거래액은 1,000억 원 이상, 누적 가입자 수는 120만 명 이상을 기록했습니다. 전문가 서비스 등록 숫자도 지난해 같은 기간과 비교해 100%가량 늘었습니다.

'숨은 고수'와 이용자를 연결하는 매칭 플랫폼 숨고 역시 11월 기준 누적 이용자 수 530만 명, 누적 견적 발송 수 1,800만 건을 달성했습니다. 고수와 이용자 매칭은 11월에만 90만 건을 기록했습니다.

재능기부 플랫폼의 성장은 부수입 창출에 나선 직장인이 늘고 있기 때문입니다. 이들 플랫폼을 이용해 자신의 전문성을 서비스로 상품화하거나 부업 성공을 위해 다른 사람의 노하우를 배웁니다. 이들 플랫폼이 복잡한 유통과 관리, 정산 등을 대신 해주면서 직장인들이 퇴근 후 원하는 시간, 편한 장소에서 투잡 활동이 가능한 시대입니다.

특히 코로나19 이후 재택근무를 하거나 불필요한 약속이 없어지면서 나만의 시간도 늘어난 것도 배경으로 작용한 것으로 보입니다. 물론 코로나19로 인해 생계를 이유로 비자발적 부케가 생긴 경우도 있습니다.

포스트 코로나 시대에도 IT 플랫폼을 기반으로 한 재능 거래가 인기를 끌 것으로 보입니다.

프리랜서로 혹은 인디펜던트 워커로 일을 할 수 있는 방법은 많이 있습니다. 능력과 인맥, 잘 구성된 포트폴리오를 갖고 있다면 이런 글은 볼 필요도 없이 이미 업계에서 인재로 인정받고 있을 것입니다.

본 책은 경력도 인맥도 포트폴리오도 없이 처음 부캐를 시작하는 사람들을 위한 책입니다. 물론, 모든 사람들의 상황에서 동일한 결과를 내긴 힘들 것입니다.

단지 제가 처음에 아무것도 없이 시작했듯, 저와 같은 상황인 사람들도 충분히 독립적으로 일을 하고 돈을 벌 수 있다는 사실이 전달되기를 바랍니다. 그리고 실제로 다음 순서를 하나씩 실행하다 보면 분명 결과가 있을 것입니다.

무엇보다 중요한 건 실행력입니다.

√재능 찾기

저에게는 사람에 대한 강한 믿음이 하나 있는데, 바로 모든 사람은 자신만의 재능이 있다는 것입니다. 당신도 예외는 아니어서 하나 이상의 재능이 있다고 확신합니다.

누구는 재능을 강점으로 만들고, 누구는 재능을 썩힙니다. 한 사람 한 사람을 가만히 살펴보면 재능이 보입니다. 일을 잘하는 사람과 못하는 사람도, 성과를 내는 사람과 그렇지 못하는 사람도, 모두 재능이 있습니다.

A 씨는 고객인 대형병원 의사를 만났는데, 리서치 관련한 질문에 제대로 답을 하지 못하고 쩔쩔매고 돌아왔습니다. 도서관으로 퇴근한 그녀는 밤을 새워서 논문을 읽고 다음 날 아침 그 의사

를 찾아가 본인이 파악한 리서치 결과를 바탕으로 논리적으로 설득시켜 버렸습니다. 이런 그녀의 재능은 바로 승부욕입니다.

B 씨는 혼자서 프로젝트를 이끌지 못해서 늘 팀장이 중간 점검을 해야 합니다. 그런 그에게도 남들에게 없는 재능이 있습니다. 바로 어떤 상황에서도 팀원들과 잘 어울려 의논하고 문제를 해결합니다. 저라면 그렇게 하지 못할 것 같은 힘든 상황에서도 틀어박혀 있지 않고 웃는 얼굴로 협력합니다. 그는 리딩 능력은 부족하지만 팀워크를 활용할 줄 아는 재능이 있습니다.

C 씨는 어린 나이에 입사해 디지털 마케터로 경력을 쌓아 갑니다. 디지털 분석이 전공이지만 그의 재능은 따로 있습니다. 바로 똑같은 내용으로 자료를 만들어도 그가 만든 자료는 한눈에 알아볼 수 있을 정도로 디자인이 뛰어납니다. 그의 재능은 바로 디자인 감각, 나아가 심미감입니다.

업무랑 상관없는 재능을 가진 사람들도 많아서 주위에 이런 소리를 듣는 직원이 있을 것입니다.

'저 직원은 우리 회사에 오지 말고 장사를 해야 했어.'

'저 직원은 회사원 말고 선생님 했으면 딱 맞았을 거 같아요.'

이 직원들은 재능을 업무에 활용할 수 있는 범위가 제한적인 경우이지만, 이들도 재능이 있습니다.

문제는 본인의 재능이 뭔지 모르는 직장인이 많다는 것입니다. 여기서 질문 하나를 던집니다. 본인의 재능은 본인이 발견하는 것일까요? 아니면 주위에서 발견하는 것일까요? 둘 다 가능하지만 제 경험상 주위에서 발견하는 경우가 더 많습니다. (저도 주위에서 발견한 경우입니다.)

예전 저처럼 본인이 재능 있는 사람이라는 사실을 인지하지 못하는 경우가 많습니다. 재능이라는 것은 일부 사람들의 전유물이라고 생각하고 자신에게서 재능을 찾을 생각조차 하지 않는 사람들이 생각보다 많습니다.

그래서 재능을 찾기 위해서는 주위에서 발견해서 알려줘야 합니다. 아무도 알려주지 않으면 본인이 주위에 물어봐야 합니다. 이 과정이 중요한 이유는 자신의 재능을 알고 모르고의 차이는 하늘과 땅 차이만큼 크기 때문입니다.

저의 재능은 상대의 눈높이에서 설명하고 알기 쉽게 가르치는 능력입니다. 이 재능을 알려준 사람은 다름 아닌 정효평 작가입니다. 다음 글에서도 언급할 에피소드인데, 그는 제가 상담하는 모습을 인상적으로 보았습니다. 상대의 수준을 고려해서 눈높이를 맞춰 가르치는 것을 보고 강사로서의 재능을 알아봤다고 말했습니다.

  재미있는 사실은 노력했던 일이 재능으로 발전하는 경우가 제법 있다는 것입니다. (물론 노력한다고 전부 다 재능이 되는 것은 아닙니다.) 저 역시 글을 쓰기 전에는 이런 재능이 있는 줄 몰랐습니다. 다만 매일 쓰기만 했을 뿐이었는데, 시간이 흘러 재능으로 발전된 것입니다.

  반대로 제가 상대의 재능을 알아보고 알려준 경우도 있습니다. 책쓰기 코칭에서 만난 수강생들의 재능을 발견해서 그들 모두에게 알려주었습니다. 그렇게 그들은 재능을 찾았고 멋진 부캐를 가지게 되었습니다. 저는 이렇게 또 다른 부캐, '잡빌더'라는 새로운 부캐를 만들 수 있게 되었습니다. (잡빌더는 마지막 장에서 다루겠습니다.)

√가볍게 시작하기

부캐는 또한 한국인들이 한 사람의 정체성을 바라보는 관점이 변화했다는 걸 보여 주기도 합니다. 즉 한 사람이 한 가지의 일관된 모습이어야 한다고 강요되던 시대에서 이제는 한 사람 안에도 다양한 모습들이 공존한다는 걸 인정하는 시대로 넘어왔다는 뜻입니다.

2020년 트렌드 키워드로 등장한 '멀티 페르소나'는 바로 이런 한국인들의 새로운 관점을 잘 보여 줍니다. 멀티 페르소나란 '가면을 바꿔 쓰듯이 매 순간 다른 사람으로 변신하며 서로 다른 정체성을 만들어가는 다층적 자아'를 의미합니다.

한 가지의 일관된 정체성을 자아로 요구하던 과거에 이런 다층적 자아는 '정신적인 장애'처럼 치부되는 경향이 있었습니다.

하지만 현대에 이르러 가면은 가짜가 아니라 그 사람의 숨겨진 또 다른 가능성이라는 긍정적인 의미로 해석됩니다. 상황에 따라 바꿔 쓸 수 있는 다양한 가면을 갖고 있다는 건 그 사람이 가진 확장 가능성을 의미합니다.

물론 부캐 이전에도 '멀티 플레이어'라는 개념이 있었습니다. 하지만 멀티 플레이어가 한 분야가 아닌 다양한 분야를 섭렵하는 '일의 영역'이 강조된 것이라면, 부캐는 그것과는 사뭇 다른 취향과 취미의 영역에 가깝습니다. 그래서 멀티 플레이어의 시대에 다른 영역의 일을 넘보는 사람들은 그만한 실력을 갖추고 있는지 검증의 시간을 거쳐야 했습니다. 하지만 취미나 취향 같은 다소 놀이의 영역에 해당하는 부캐의 세계에서 완벽하게 준비돼 있는 가는 그리 중요하지 않습니다. 이런 특성으로 부캐는 가볍게 시작이 가능한 것입니다.(일락이 발칙한 캠핑전문가로 다른 부캐를 시작했듯이 가볍게 시작하면 됩니다.)

조그마한 까페를 차려도 적지 않은 돈이 들어갑니다. 그러나 부캐를 시작할 때는 돈이 들지 않습니다. 자신이 좋아하는 취미를 키워가면 되기 때문입니다. 가볍게 시작할 수 있다는 것, 부캐가 가진 최고의 장점입니다.

직장인 A씨의 '부캐'는 캐릭터 디자이너입니다. 회사 간 합병으로 인해 자신의 의지와 무관하게 외국계 회사로 옮기게 된 그는 회사에 모든 걸 걸고 사는 삶이 옳은 것인가를 진지하게 고민했습니다. 그동안 취미로 그림을 그렸던 그는 코로나로 인해 재택근무를 하게 되면서 생긴 시간을 자신에게 투자했고, 결국 취미를 부캐로 승화시켰습니다. 테니스를 좋아하던 그는 자신이 즐겨 그리던 테니스 선수들의 모습을 옷에 옮겨 그렸고, 이윤을 창출하기 시작했습니다. 부캐는 이렇게 가볍게 시작하면 됩니다.

우리 사회가 부캐의 세계에 푹 빠져든 건 그간 집단에 의해 억압됐던 개인들이 자신의 또 다른 면모들을 드러내고 싶은 욕망 때문입니다. 그들은 다양한 가면을 쓰고 등장해 이것도 또 다른 자신이라고 당당하게 말합니다.

지금껏 본캐의 틀에 갇혀 있던 다양한 가능성들이 기지개를 켜는 순간 부캐의 세계는 더욱 넓어질 것입니다.

√즉시 시작하기

그룹 플라이 투 더 스카이의 멤버인 가수 브라이언은 가수 외에도 플로리스트와 크로스핏 강사로 활약하고 있는 N잡러입니다.

'N잡러'란 복수를 뜻하는 N과 직업의 job, 사람을 뜻하는 er이 합쳐져서 만들어진 신조어로 여러 직업을 가진 사람을 뜻합니다. 그리고 평생직장이 없다는 MZ세대 사이에서 N잡러는 날이 갈수록 늘어나고 있습니다.

A 씨는 출판사 직원인 본캐와 필라테스 강사 부캐로 살아가고 있습니다. 필라테스를 처음 시작하던 당시만 해도 자신의 부캐가 될 것이라 생각하지 못했던 A 씨, 그녀는 한동안 필라테스에 미

쳐있었고 취미로 끝날 게 아니라 더 깊게 파고들고 싶었고 그래서 강사 자격증까지 땄습니다.

또한 그녀는 부캐로 인한 수익은 적은 금액이지만 좋아하는 일을 하며 돈을 벌 수 있다는 것만으로도 충분하다는 것도 알게 되었습니다.

부캐는 새로운 직장을 찾기 위해 자신의 가능성을 테스트해 볼 수 있는 시험대가 될 수 있습니다. 실제로 직장인들 중 투잡 의향이 있다는 이들은 80% 이상입니다. 또한 취미나 직무 관련 재능거래를 부업으로 가장 선호하는 것으로 드러났습니다.

시작 단계에서는 부캐로 벌어들이는 수익은 본캐의 5분의 1에서 20분의 1 정도밖에 안 되는 적은 금액이지만 좋아하는 일을 하며 수익을 얻고 또한 본캐에서 오는 스트레스를 부캐를 통해 해소할 수 있다는 점에서 충분히 매력적입니다.

MZ세대에게는 자기 성장이 가장 중요합니다. 그런데 최근 이 성장은 자기 자신의 진전을 뜻합니다. 부캐를 통해 수익 창출뿐만 아니라 자아도 성장하고 새로운 형태의 가능성도 발굴하는 본캐만큼 중요한 부캐가 될 수 있습니다.

B 씨는 코로나19로 재택근무를 하게 되며 취미 생활을 할 수

있는 시간이 늘었고 이에 부캐인 캐릭터 디자이너로서 활발하게 활동하고 있습니다. 특히 그는 그림을 그리기만 하고 이것을 제작, 판매하는 것은 전문 플랫폼에서 진행하고 있습니다.

그림만 올려두면 판매, 배송, 고객 서비스까지 전문 플랫폼에서 다 해줍니다. 그런 것들을 내가 다 해야 했다면 지금 같은 일은 꿈꾸지 못했을 것입니다.

그가 말하는 전문 플랫폼은 1장에서 말한 재능거래 플랫폼으로 최근에는 이런 플랫폼을 통한 재능 거래들이 활발해지고 있습니다.

또한 이 플랫폼에는 다양한 분야의 재능 거래가 이뤄지고 있는데 특히 디자인, IT 프로그래밍, 마케팅, 영상 제작, 비즈니스 컨설팅, 전자책 판매가 활발하게 이뤄집니다. 저도 이런 플랫폼을 통해 부캐를 키웠습니다.

C 씨는 전자책 작가로서의 부캐로 부수입을 얻고 있습니다. 신입 사원들을 위한 매뉴얼을 만들다가 이걸 전자책으로 발간하는 것이 어떨까 해서 시작했습니다. 적은 양이지만 매달 꾸준하게 팔리고 있습니다. 그리고 전자책은 출판 서적과 달리 판매액의 80%가 작가의 수익인 점도 장점입니다. 만약 본 책을 읽고 있는 당신이 전자책을 쓰고 있거나 쓴 경험이 있다면 2장 북스빌더

편을 꼭 정독하기 바랍니다. (2장에서 말하겠지만 부캐 최고의 스펙은 책의 저자가 되는 것입니다. 여기서 말하는 책은 기획 출간된 종이책을 말합니다.)

그렇다면 현재 직장인들이 선호하는 부캐는 무엇일까요? 많은 이들이 동영상 크리에이터를 가장 선호하고 실제로 많은 이들이 동영상 크리에이터를 부캐로 삼고 있습니다.

D 씨는 자취 노하우를 공유하는 개인 채널을 운영하는 동영상 크리에이터입니다. 수익에 욕심이 없다면 거짓말이지만 처음에는 편집하는 자체가 재밌어서 시작했고 수익이 생기면서 부캐가 된 경우입니다.

본캐는 안정적인 것으로 안정적인 사회의 한 구성원으로서 근로소득을 받아 생활한다고 하면 부캐는 나의 도전을 이끄는 것입니다.

좋아하는 일을 하며 본업만큼 수익을 얻을 것을 기대하는 직장인들. 그들에게 말합니다. 둘 중 하나를 선택할 것이 아니라 균형을 이루는 것이 중요하다고. 또한 억지로 부캐를 본캐로 만들려고 노력할 필요는 없습니다. (자연스럽게 부캐가 본캐가 되는 것이 중요합니다. 시작 단계부터 부캐를 본캐로 대체하기 위해 만들려고 하지는 마세요.)

만약 당신이 본업에 시너지를 낼 수 있는 부업이 있다면 당장
부캐를 시작해서 즐기면 좋겠습니다. 일단 해봐야 합니다. 해보
고 후회해도 늦지 않습니다. 아무 일도 하지 않으면 아무 일도
일어나지 않기 때문입니다.

앞으로 부캐들은 더 늘어날 것입니다. 사회구조는 유연해지고
사고방식도 유연해지면서 새로운 직업의 탐구, 출현, 이런 면에
서 계속해서 다원화될 것입니다.

√반복하기

　부캐를 만들었다면 부캐가 하는 일에 대한 홍보를 게을리하면 안 됩니다. 자신의 콘텐츠가 아무리 좋아도, 사람들에게 알려지지 않는다면 무용지물이기 때문입니다.

　제가 운영하는 블로그는 홍보의 역할을 톡톡히 해 내고 있습니다. 그런데 처음 블로그를 개설할 때에는 그걸 목표로 하지 않았습니다. 세무에 대한 궁금증을 물어보는 사람들을 조금 더 효율적으로 관리하기 위해 블로그에 예상 질문과 그에 대한 답을 적었습니다. (세금 관련 질문은 짧지만 답은 짧게 적을 수 없으므로 미리 모범 답안을 적어놓고, 관련 질문이 들어오면 블로그 링크를 걸어주는 식이었습니다.) 온라인으로 세무 상담을 해왔던 터라 블로그는 굉장이 유용하게 활용되었습니다. 그때까지만 해도 블로그는 상담의 도구였지, 홍보의 도구는 아니었습니다.

블로그 관련 책을 보면 '처음에는 일상적인 글부터 가볍게 써라. 처음부터 홍보는 바람직하지 않다. 홍보보다는 친밀도를 높일 수 있는 포스팅을 해라. 글을 3줄 정도 쓰고 사진을 하나 넣고, 또 글을 쓰고 사진을 넣고 한 포스팅 당 사진은 10장 정도 넣는 것이 좋다.' 등 저자의 노하우가 적혀 있습니다.
틀린 말은 아닙니다. 그러나 그보다 더 중요한 것이 있습니다.

바로 그것은 '꾸준하게 매일 써라.'입니다.
저는 블로그를 시작한 이후로 매일 하나 이상의 포스팅을 지금까지 꾸준히 하고 있습니다. 대다수 포스팅에는 사진도 없을 뿐더러 블로그 글쓰기 관련 책에서 강조한 원칙도 없습니다. 그냥 꾸준히 했을 뿐입니다.
3개월 정도 시간이 지나고 나니, 블로그 이웃 수도 제법 늘어 있고, 하루 조회수도 몇백 조회수가 되었습니다. 지금은 하루 2,000 조회수를 훌쩍 넘깁니다.(하루 조회수가 1천 조회수가 넘으면 홍보가 가능한 블로거라고 합니다.) 덕분에 아주 유용한 홍보의 도구가 된 것입니다.

어떻게 쓸까 보다 꾸준히 쓰는 것이 중요합니다.

모든 일이 그렇습니다. 제발 처음부터 잘 하려고 노력하지 말고, 조금 어설퍼도 매일 꾸준히 하는 것이 중요합니다.

꾸준히 반복해서 하다 보면 잘 하게 됩니다. 꾸준함은 부캐가 갖추어야 할 필수 조건입니다.

부캐로 작가를 원하는 사람도 많습니다. 그들은 작가가 되려면 어떻게 해야 하는가를 물어봅니다. 작가가 되는 최고의 방법은 많이 읽고, 많이 쓰는 것입니다.

미국의 베스트셀러 작가 '스티븐 킹' 역시 자신의 저서 '유혹하는 글쓰기'에서 아래와 같이 말했습니다.

작가가 되고 싶다면 반드시 해야 할 일이 2가지 있다. 많이 읽고 많이 쓰는 것이다. 내가 아는 한 그걸 대처할 방법은 없다. 빨리 가는 지름길도 없다.

책을 읽는 것은 인풋이고, 쓰는 것은 아웃풋입니다. 많이 읽고, 많이 쓴다는 것은 인풋과 아웃풋의 순환을 끊임없이 반복하는 것입니다.

그런데 이것만 반복해서는 글이 늘지 않습니다. 글이 늘기 위해서는 주위의 반응이 필요합니다. 주위의 반응을 살피기 위해서는 공유해야 합니다. 그런 이유로 저는 쓴 글을 블로그를 통해 공유합니다. 그리고 누군가에게 쓴 글을 읽게 하고 글의 장점, 단점, 수정할 점, 조언 등을 겸허히 수용합니다. 읽고 쓰고 공유하는 반복이 필요합니다.

블로그와 같은 인터넷상에서 글을 쓰는 것을 주저하는 사람이 많은데, 누구도 읽지 않고 누구도 비판하지 않은 글을 써서는 실력이 늘지가 않습니다.

매일 반복해서 블로그 포스팅을 하면 놀라운 결과가 생깁니다. 글쓰기 실력은 당연히 늘고, 홍보가 가능한 블로거가 되고 출판사로부터 출간 제안을 받기도 합니다. 당신도 반복의 마술을 경험하길 바랍니다.

√부캐 역전 현상

"내 속엔 내가 너무도 많아."

오래된 유행가 가사처럼 단 하나의 진정한 자아란 개념은 어쩌면 허상에 불과합니다. 다양한 자아 중에서 "무엇이 진짜이고, 무엇은 가짜다"라고 할 수 없습니다. '나'라는 사람은 다양한 자아의 총합입니다. 나를 이루는 다양한 자아 중에 일부만 인정하고, 어떤 것은 못마땅하다며 부정할 때 심리적 문제가 생깁니다.

이제 부캐는 유행을 넘어 자연스러운 생활양식이 되었습니다. 경기 침체로 한 직장에만 매달려서는 생존이 담보되지 않으니 다양한 부캐 직업이 필요해졌습니다. 코로나 바이러스로 무미건조해진 일상에서 색다른 재미를 찾으려고 새로운 부캐를 만들어내기도 합니다. 그렇다고 "직업을 하나 더 갖는다" 혹은 "다양한 취미를 즐긴다"라고 부캐의 개념을 한정해서는 안 됩니다.

"나는 누구이며, 어떤 일을 잘하고, 무엇을 좋아하며, 사회적으로 어떤 역할을 하고 있는가"라는 질문에 이질적이며 심지어 모순적인 성향을 갖고 있다고 답할수록 심리적으로 건강한 사람입니다. 자아가 다양한 모습을 띨수록 스트레스를 덜 받고, 위기에 처했을 때 회복 탄력성이 좋으며, 우울증에 걸릴 위험도 낮습니다. 다채롭게 분화되지 못한 정체성이 오히려 심리적 부적응을 낳습니다.

오랫동안 못 봤던 어린 시절 친구를 만났는데 "옛날 네 모습이 아니네. 너 많이 변했다!" 라는 투의 말을 들어본 적 있을 겁니다. 시간이 흘러도 변하지 않고 언제나 한결같은 사람은 없습니다. 불변의 자아는 없습니다. 과거의 그 모습도 '나'입니다. 그러나 시간이 흐르면서 더 많은 사람을 만나고, 더 많은 체험을 하면서 자아는 분화합니다. 오히려 어린 시절 모습을 나이 들어서도 그대로 유지하고 있다면, 과거에 묶여 성장하지 못한 것입니다.

부캐 역할에 충실한 이를 두고 "가식적이다, 이미지 포장한다."며 비아냥거리기도 합니다. 다중인격자라며 한 사람의 근본을 문제 삼기도 합니다. 그래선 곤란합니다.

사람에 따라 상황에 따라 다른 역할을 하는 게 당연하고, 맥락과 상관없이 똑같기를 요구하는 것이 사람을 숨 막히게 만듭니다. 다양한 캐릭터로 변신할 수 있어야 변화하는 환경에 적응할 수 있습니다. 우리 모두는 자신을 더 입체적으로 가꾸어야 합니다.

험난한 세상, 부캐 없이 살아남기 힘들어졌습니다. 한 사람이, 한 가지의 일관된 모습이어야 한다고 강요받던 시대에서 다양한 캐릭터로 변신하며 살 수밖에 없는 세상으로 바뀌었습니다. 일관된 정체성이 정상이고, 다중적인 것을 비정상이라고 규정하던 때도 이미 지나갔습니다.

저는 최근 부캐 역전 현상을 경험하고 있습니다. 부캐가 본캐의 정체성을 앞지르고 있는 것입니다. '본캐는 잡빌더, 부캐는 택스코디'로 바뀌고 있습니다. 지난 2년, 많은 세무 관련 서적을 썼고 강의를 겸했습니다. 우연한 기회에 한두 사람의 콘텐츠를 만들어 준 것이 소개를 받고 지금은 잡빌더 캐릭터에 푹빠져 있습니다.

택스코디에서 북스빌더로 북스빌더에서 다시 잡빌더로 부캐가 본캐가 되는 역전 현상이 반복되고 있습니다. 반복될수록 점점

단단해짐을 느낍니다. 더불어 몸값은 계속 상승하는 선순환을 그
리고 있습니다.

Chapter 2

부캐를 완성하다(북스빌더)

캐릭터 소개:

북스빌더 _ 책 쓰기 코칭을 주로 한다. '누구나 작가가 될 수 있다' 를 캐치 프레이즈로 하고 있다. 부캐의 완성은 책의 저자가 되는 것이라 말한다.

01

최고의 스펙

√당신만 모르는 놀라운 재능

어렵게 재능을 찾았는데 제대로 빛을 발하지 못하는 경우가 많습니다. 크게는 두 가지 이유인데 하나는 자신의 재능을 과소평가하기 때문이고, 다른 하나는 재능을 발휘할 기회를 얻기가 힘들기 때문입니다.

많은 사람이 자신의 재능을 과소평가합니다. 우물 안 개구리처럼 자신의 주변에서만 사용할 뿐 그 이상을 생각하지 않죠. 위계질서가 강한 우리나라 직장 문화를 감안하면 자신의 재능이 작아 보일 수도 있습니다. 무엇보다 '재능'이라는 단어 자체에 선입견이 있어서 자신이 가진 재능은 '나만의 리그'에서나 써먹을 수 있는 작은 것이라 생각합니다.

또한 직장에서 재능을 발휘할 기회를 얻기도 힘이 듭니다. 우선 재능을 발휘할 수 있는 포지션에서 일하는 게 최선이지만 그게 쉬운 일이 아닙니다. 오히려 직장 생활을 하면서 그 반대되는 경우가 많죠.

말하는 재능이 있는 직원이 종일 한마디도 하지 않는 재무 담당자 역할을 하고, 엑신이라고 불릴 정도로 엑셀과 데이터 다루는 것에 재능이 있는 직원이 고객 행사 담당입니다. 모든 직원이 힘든 일이 있을 때마다 달려가서 조언을 구하는 직원이 사장님 비서로 스케줄 관리만 합니다.

어떻게 해야 할까요? 우선 본인의 재능을 활용할 수 있는 부서로 옮기는 것은 생각보다 쉽지 않습니다. 부서 발령을 위해서는 설득해야 하는 단계가 복잡하고, 객관적으로 자신의 재능을 입증할 기회가 있어야 하는데 그것부터가 어렵습니다. 따라서 정말 자신이 재능이 있고 또 발휘하고 싶다면 그럴 수 있는 회사로 이직하는 것이 오히려 더 쉽습니다. 물론 이 경우도 자신의 재능을 입증해야 하는 것은 마찬가지이지만 몇 가지 준비하면 못할 것도 없습니다. 특히 주니어들의 경우는 그런 기회가 더 열려 있습니다.

경력직으로 이직하는 경우에도 전혀 엉뚱한 포지션으로의 이동이 아니라면 본인의 경력에 재능을 더해서 어필할 수 있습니다. 예를 들어 위에서 언급했던 말하는 재능이 있지만 종일 한마디도 하지 않는 재무 담당자의 경우, 스타트업에서 투자유치 활동인 IR(Investor Relations)을 담당하는 포지션으로 지원하면 좋습니다. 재무적인 경력도 필요하지만 논리적으로 설득력 있게 말을 해야 하는 포지션이라 본인의 재능을 200% 발휘할 수 있을 것입니다.

아무리 뛰어난 재능도 써먹어야 자신의 강점이 될 수 있습니다. 재능과 강점의 차이를 구분하자면 재능은 타고난 것이고, 강점은 타고난 것을 갈고 닦아서 자기 것으로 만든 경우입니다. 그래서 재능을 오랜 기간 발휘할 기회를 얻지 못하면 있었던 재능도 사라집니다. 때문에 자신이 재능이라고 확신하는 능력이 있다면 자신이 그것을 발휘할 기회를 적극적으로 만들어야 합니다.

제가 구체적으로 추천하는 방법 중 하나는 바로 부캐(부캐릭터)를 만드는 것입니다.

저의 또 다른 부캐는 '북스빌더'입니다. 이른 아침, 늦은 밤, 시간을 가리지 않고 매일 3시간씩 글을 씁니다. 글쓰기 재능이 있다는 것은 45살이 넘어서 발견했습니다. 짬이 날 때 마다 글을 씁니다. 이렇게 기회를 나 스스로 많이 갖다 보니 재능에서 강점으로 발전했습니다.

본인이 속한 곳에서 재능을 발휘할 기회를 적극적으로 만들어 보길 권합니다. 본인이 기획하는 재능이 있다면 외부 커뮤니티에서 행사가 있을 때 프로그램을 기획하는 역할을 해보면 좋습니다. 본인이 모임을 운영하는 재능이 있다면 같은 목적으로 모인 사람들의 모임에서 운영자 역할을 맡아보세요.

제가 짬이 날 때마다 글을 쓰듯, 재능은 꾸준히 갈고 닦아야 합니다. 가만히 있으면 기회는 찾아오지 않습니다. 손을 높이 들어 기회를 잡아 보세요.

그리고 주변에 재능 있는 사람과 함께 해보는 것도 좋은 방법입니다. 재능은 서로 경쟁하는 게 아니어서 재능 있는 사람이 많을수록 회사가 됐든, 커뮤니티가 됐든 성장하게 되어 있습니다. 그래서 자신의 주변에 재능 있는 사람이 있다면, 그의 혜택을 받아 보는 것도 본인에게 정말 도움이 됩니다. 거꾸로 본인이 재능이 있다면 주위 사람들을 위해서 사용해보세요.

이 두 가지가 동시에 이뤄질 때 서로에게 큰 도움이 됩니다.

재능이 없는 사람은 없습니다. 재능이 없다고 하소연하는 사람이 있다면, 자신을 과소평가한 본인 탓도 있지만 그 사람의 재능을 알려주지 않은 주변 사람에게도 책임이 있습니다.

자, 주위에 재능 있는 사람이 있다면 그 사람이 재능을 잘 써먹어 강점이 되도록 도와줍시다. 그리고 재능을 발견하지 못한 사람이 있다면, 본인이 생각하는 그 사람의 재능에 대해 이야기해줍시다. 당신의 말 한마디가 그 사람의 인생을 바꿀 것입니다.

√고정관념부터 버리자

글쓰기에 대한 기존 통념은 틀릴 뿐 아니라, 오히려 글 쓰는 재미를 감퇴시킬 수 있습니다.

우리가 그간 배워온 글쓰기에 관한 잘못된 생각들, 즉 천재성·독창성·슬럼프·핵심문장·내용요약 같은 것이 절대적이다는 생각부터 버려야 합니다. 조금 구체적으로 살펴볼까요.

단문을 이용하는 것이 중요합니다. 단문이 평가절하하고 단문을 쓰면 유치하다는 편견부터 버려야 합니다. 단문 활용을 강조하는 것은 짧은 문장 간의 여백에서 비롯되는 '함의', 짧은 문장끼리의 호흡에서 나오는 '연결성'이 바로 아름다운 글쓰기의 핵심이 되기 때문입니다.

그리고 많은 사람이 글을 쓸 때 자신이 말한 바를 뒷받침하고자 널리 알려진, 소위 '권위'를 지녔다는 인물들의 말을 인용합니다. 권위란 타인에게서 오는 것이 아닌 '스스로' 부여하는 것입니다. 작가가 된다는 것은 그런 행위의 연속입니다.

기존의 잘못된 글쓰기 통념들을 하나씩 깨부숴야 합니다. 우리 대다수가 학교에서 잘못 습득한 글쓰기 방식에만 얽매여 있어서, 직접 보고 듣고 느낀 총체적 경험을 소홀히 대한다는 사실을 인지조차 못하고 있습니다.

형식, 논리 전개, 접속 부사, 의미 추출, 내용 요약 등 부차적 요소들만 생각하다가 글을 쓰다 말아버린 경우가 얼마나 많은가요. 그러곤 이렇게 얘기하죠.

'역시 글은 아무나 쓰는 게 아니야', '나는 글 쓰는 재능은 없나봐', '작가가 괜히 있는 게 아니지' 하고 속으로 되뇌며 시간을 허비한 사람이라면 누구나 공감하리라 생각합니다.

'경기불황', '취업난'과 같은 이야기는 더 이상 위기감을 조성하지 못할 만큼 친숙한 뉴스거리가 되었습니다. 또한 자본이 생산하는 가치가 노동이 생산하는 가치를 능가하면서 괜찮은 직장을 가졌다고 하더라도 안정적인 인생을 꾸려나가기 힘든 상황이 되었습니다.

'뭐 해먹고 살래?'

학교 끝나고 밤 10시까지 학원에 가있는 학생들부터, 치열한 스펙싸움에 놓쳐있는 대학생, 취직 후 사내경쟁에 치이고 자기계발에 열중하는 직장인 그리고 은퇴 후에도 자영업을 준비하는 퇴직자를 포함한 모두가 생존하기 위해 애를 씁니다.

생존은 인생의 모든 행위의 기본이 되며, 때문에 물론 가장 우선시 해결해야 할 사항이지만, 생존만을 위한 인생보다 자아실현과의 밸런스가 유지되는 인생이 보다 의미 있는 삶에 가까울 것입니다. 이러한 측면에서 자아실현을 위한 대안 중 하나가 바로책 쓰기입니다. 더불어 당신이 책의 저자가 되면 놀라운 일이 생깁니다.

글을 쓰기 위해서는 배움을 통한 생각의 정리가 선행되어야합니다. 가지고 있는 생각을 '글'이라는 정제된 방식으로 표출하는 것이죠. '책'이라는 결과물은 이러한 과정을 더욱 동기부여하고, '책'이 가지는 상징성은 더욱 가시적인 방법으로 자아실현에기여하게 됩니다.

꼭 베스트셀러가 아니더라도 괜찮습니다. 당신의 부캐가 한 분야에서 전문성을 인정받아 사회적인 몸값을 올리기 위한 최고의 스펙이 바로 책의 저자가 되는 것입니다.

글쓰기가 아직도 두렵고 망설여지나요? 그렇다면 당신의 고정관념부터 버리길 바랍니다. 누구나 책의 저자가 될 수 있습니다.

√그냥 씁시다

최근 몇 년 회사 밖의 자아를 모색하는 사람들이 늘고 있습니다. '멀티 페르소나(다중적인 자아)'라는 말이 한동안 화제가 되기도 했습니다. 상황에 맞게 가면을 바꿔 쓰듯 시공간과 역할에 따라 다양한 정체성을 드러내는 현대인을 의미합니다. 새로운 얘기는 아닐지도 모릅니다. 부캐는 최근 생긴 말이지만 취미, 부업, 'N잡(여러 개의 직업)' 등 비슷한 단어가 쓰여왔습니다. 어떤 것을 새로 도모한다는 공통점이 있습니다.

주 52시간 근무제의 영향으로 퇴근이 빨라지자 여가나 자기계발에 대한 관심도 커지고 있습니다. '원데이 클래스'도 인기입니다. (솜씨당, 프립 등 하루에 서너 시간을 투자해 손쉽게 취미생

활을 즐길 수 있도록 돕는 플랫폼이 등장했습니다.)

SNS 역시 또 다른 정체성을 구축하는 데 도움을 주고 있습니다. 부계정을 만들어 한 가지 키워드로 자신만의 관심거리를 올리기도 합니다.

하루 10분 글쓰기, 하루 한 장 SNS 계정에 사진 올리기 같은 간단한 일부터 자격증 준비, 외국어 공부 등 전통적인 자기계발을 비롯해 명상 등 휴식에 이르기까지 개인이 도모하는 일의 종류는 다양합니다. 요즘 시대 가장 흔히 볼 수 있는 활동은 유튜브 크리에이터입니다.

글쓰기 플랫폼이나 독립출판 등이 활성화되면서 작가라는 정체성도 확장되고 있습니다. 이 흐름을 파악하고 저는 또 다른 부캐, 북스빌더를 만들었습니다.

택스코디로 활동하는 동안에 글쓰기가 자연스럽게 습관으로 자리잡았고 다작으로 연결된 것입니다.

글쓰기는 가성비 높은 자기계발이고 부캐로 경제적 자유를 누리기 위해서는 반드시 해야 할 일입니다. 마지막 장에서 구체적으로 말하겠지만 인디펜던트 워커를 뛰어넘는 유니크 워커가 되려면 반드시 책의 저자가 되어야 합니다.

하루 10분도 좋고, 매일 A4 반장을 써도 좋습니다. 자신의 콘텐츠를 글로 남겨놓는 것은 의미 있는 행동입니다. 매일 쓰기만 했을 뿐인데, 책의 저자가 되는 놀라운 경험을 당신도 했으면 하는 마음입니다.

'방금 얘기한 내용을 글로 써보세요. 그렇게 쓴 글이 모이면 책으로 나오게 됩니다.'

책 쓰기 멘토인 정효평 작가가 던진 말에 저는 코웃음을 쳤습니다. 말도 안 되는 소리하지 말라며 손사례를 쳤습니다. 그런데 그는 집요하게 글을 쓰라며 요구했습니다. 저의 글쓰기는 그렇게 시작됐습니다.

당신에게 꼭 하고픈 말이 있습니다. 꼭 기록해야 합니다. 잘 쓰는 것은 중요치 않습니다. 그냥 매일 쓰기만 하면 됩니다.

책 쓰기 수강생 리스트를 확인했습니다. 다양한 정보를 원했으나 이름, 전화번호, 직업, 사는 지역 정도밖에 없습니다. 초등학교 선생님, 학원을 운영하는 두 분, 그리고 전업주부의 직업을 가진 사람들이었습니다.

그들을 책의 저자로 만들어 주는 것은 어렵지 않습니다. 작가의 시선으로 각자의 스토리를 조금 비틀어 세심히 관찰해 보면한 권의 책이 나오는 것을 짧은 기간 동안 20권 이상의 출간계약을 한 경험을 통해 알고 있었으니 자신이 있습니다.

그런데 문제는 전업주부입니다. 그녀는 자녀 교육에 관한 책을 쓰고 싶다고 간단히 소개 글을 적었습니다.

자녀 교육? 너무 주제가 광범위 하고 그와 관련한 도서는 서점에 차고 넘칩니다. 빨리 그녀를 만나 좀 더 얘기를 들어봐야겠습니다. 그렇게 오프라인 만남을 정합니다. 언제나 새로운 만남은설레입니다. 가득한 설레임을 안고 그들을 만납니다. 그녀가 얘기합니다.

'자녀가 4명인데, 전부 명문대 진학을 했어요.'

순간 '이 거다.'하고 북스빌더의 머리가 재빨리 움직입니다. 가제, 부제, 목차가 떠오릅니다.

* 가제 ; 나처럼 만 하면 최소 연세대다!

* 부제 - 4명의 자녀들 모두 명문대에 진학시킨 신들린 엄마의 노하우를 공개합니다.

책 쓰기 강의를 하다보면 책 쓰기 소재가 없다고 하소연을 하는 사람들을 만나곤 합니다. 누구나 다 각자의 스토리가 있습니다. 그 스토리를 작가의 시선으로 바라보면 전부 소재가 될 수 있습니다. 따라서 누구나 다 책의 저자가 될 수 있습니다.

당신은 매일 쓰기만 하면 됩니다.

√실수해도 괜찮아

당신에게 질문 하나를 던집니다.

"당신은 언제 은퇴할 건가요?" 당신은 지금 현역으로 일하고 있으니 해당 없다고 말할지 모릅니다. 그리고 아직은 은퇴할 생각이 없다고 대답할지도 모릅니다.

지금은 인디펜던트 워커(지식 크리에이터)의 시대입니다. 저는 오늘 당신의 인생 후반부를 준비하라고 제안합니다.

100세 인생 시대, 당신은 어떻게 자기실현과 자기성취를 지속할 것인지 스스로 질문해야 합니다. 그리고 자기실현을 향한 새로운 도전을 준비하길 바랍니다.

나에게 맞는 일과 직업이 무엇인지, 내가 할 수 있는 범위는 어디까지인지, 나의 성취가 가능한 분야가 어디인지 성급히 결론 내리지 않고, 무리하지 않되, 최선을 다할 수 있는 지속해서 나아갈 영역과 수단이 무엇이 있을까요, 미리 부캐를 만들어 준비해 두면 좋겠습니다

'뭘 그리 망설이나요? 그냥 해보세요.'

'실수라도 하면 어떡하죠.'

저는 글을 쓸 때 그냥 씁니다. 그냥 쓰다 보니 실수가 잦아요. 실수투성이인 글을 그래도 씁니다. 그리고 시간이 흐른 뒤 실수로 가득 찬 글을 가만히 봅니다. 그리고 실수를 고쳐 나갑니다.

실수할까봐 지레 주눅이 들어버리면 어떤 일도 하지 못합니다. 실수는 고마운 일이에요. 실수를 고치면서 더 잘하는 사람이 될 수 있습니다. 실력은 실수로부터 향상되기 때문입니다.
수많은 실수가 있기에 실력이 쌓이는 것입니다.
오늘도 글을 씁니다. 실수가 생긴 글은 수정하면 그만입니다. 실수를 발견하면 그만큼 실력은 향상되기에 일부러 실수를 더 찾아볼 것입니다. 실수로 가득한 글을 희망합니다.

2년도 되지 않은 짧은 시간 동안 20권 이상의 책을 펴낸 나는 '책 쓰기는 인생을 바꾸는 자기 혁명'이라고 감히 정의한다. 부도 후 재기를 꿈꾼 나는 책 쓰기를 선택했다. 내가 쓴 책이 서점에 한 권, 두 권 진열되면서 꿈에 그리던 재기가 현실이 되었다. 책을 펴냈을 때 가장 큰 가치는 내 이름이 퍼스널 브랜딩 되므로 난 다시 일어설 수 있었다.

북스빌더의 캐치 프레이즈는 '누구나 책의 저자가 될 수 있다'입니다. 그리고 부캐의 완성은 책의 저자가 되는 순간이라고 합니다. 인생을 어느 정도 살았으면 자신의 삶에 대한 해박한 경험과 특정 분야의 노하우를 갖고 있기에 누구나 책의 저자가 될 수 있습니다. 이러한 삶의 철학을 토대로 신선한 주제나 콘셉트를 연결해 책을 쓰면 되는 것입니다.

북스빌더는 정효평 작가와의 협업을 통해 '2개월 만에 책 한 권을 쓰기'를 목표로 독자의 니즈를 찾아 책 콘셉트를 잡고 책 목차를 구성하기부터 초고 작성 및 수정, 출간 제안서 작성하기, 출판 계약하기, 블로그를 통해 노출하는 법, 책 쓰기로 자신의 브랜드 파워를 만드는 법 등을 차근차근 안내해 여러 명의 작가를 배출했습니다.

북스빌더는 작가가 되기 위해서는 무엇보다 글 쓰는 습관을 몸에 익혀야 한다고 강조합니다.

√매일 쓰기만 해도 완성되는 책

부캐를 활용해 수익을 얻기 위해 어떤 역량보다 중요하고 필요한 역량이 있다면 그것은 무엇일까요?.

퍼스널 마케팅을 위해 부캐가 갖춰야 할 역량 중에서 가장 중요한 역량은 바로 '리터러시 지능'입니다. 이것은 말과 글을 다루는 인간만이 가진 재능입니다. 자기 계발에 성공한 사람들은 명의 예외도 없이 모두가 이 리터러시 지능이 탁월한 사람들입니다.

글을 읽고 이해하고 해석하며, 자기의 생각을 글로 다시 표현하는 문해력이 바로 리터러시 지능입니다. OECD에서 정의하는 리터러시 재능은 세상을 살아가는 생활기능으로 문자 해독 능력을 넘어 문제해결 능력, 소통 능력까지 포함해 폭넓게 강조하고 있습니다. OECD는 리터러시 지능을 산문 문해력, 문서 문해력, 수리 능력, 컴퓨터활용 능력, 분석적 판단력, 커뮤니케이션 능력까지 포괄하고 있습니다.

글쓰기와 책 쓰기는 이제 문학을 전공한 작가만의 영역이 아닙니다. 사람은 태어나는 순간부터 말하고 표현하며 소통하며 살아갑니다. 말로만 전하면 허공에서 사라지지만 글로 기록하면 영원히 남게 됩니다.

리터러시 지능이란 '나'를 알고, '세상'의 필요를 감지하고, 그에 맞춘 콘텐츠를 만들고 말과 글로 표현하는 능력입니다. 또한, 학습, 경제, 사회, 대인 활동과 같이 인간이 생활을 영위하는 데 필요한 기본활동은 물론 창조와 혁신에 기반을 둔 모든 가치 활동에 반드시 필요한 능력이면서 자기 계발에 결정적으로 작용하는 동력입니다.

부캐를 활용해서 경제적 자유를 빨리 누리기 위해서는 꼭 책의 저자가 되어야 한다는 말을 많이 합니다. 전문성 제고와 브랜딩을 위해 책을 쓰는 것만큼 효과적인 방법을 찾기도 어렵기 때문입니다.

2018년 겨울 책을 처음 쓸 무렵 저는 제 삶에 대한 갈증이 있었습니다. 그 갈증과 목마름은 제가 특이하다거나 유별나서 느꼈던 것은 아니었던 것 같습니다, 저와 비슷한 연배들과 이야기를 나누다 보면 하는 이야기들이 있습니다.

'지금 다니는 이 직장에서 얼마나 더 다닐 수 있을까? 직장이 아니더라도 앞으로 다가올 미래를 위해 무언가 준비를 해야 하는 건 아닐까? 준비를 해야만 하는 건 알겠지만 무엇을 어떻게 준비해야 하지?' 이런 고민들이 있었고 그 고민과 걱정들이 미래에 대한 두려움과 불안을 점점 더 크게 만듭니다.

그 당시 저에게 한 가지 더 있었던 갈증은 누군가에게 긍정적인 변화를 줄 수 있는 사람이 되고 싶다는 것과 두 아이의 아빠로서 그냥 막연히 좋은 아빠가 아니라 아이들과 함께 성장하고 싶은 갈증이 있었습니다. 그 갈증이 책 쓰기 도전으로 이어진 것입니다.

예비작가 - 책을 쓰면서 어려운 점은 없었나요?

북스빌더 - 첫 번째 어려움은 가족을 부양하면서 매일매일 글을 써야 하는 것이었습니다. 두 꼭지 이상 분량의 글을 매일 쓰는 것을 목표로 진행 했는데, 생각처럼 글이 잘 써지지도 않았고 가족 부양을 우선순위로 하고 글을 쓰다 보니 정작 글 쓸 시간이 많이 부족했죠.

글이 잘 써지지 않을 때는 오히려 쓰기보다 다른 글을 읽는 것에 집중했습니다. 제 안에 채워진 것이 부족하면 나올 수 있는 것이 분명 한계가 있기 때문이죠.

두 번째 어려움은 첫 원고를 완성하고 교정을 반복하는 것이었습니다. 첫 꼭지부터 읽어보면서 글을 수정하는데 제가 쓴 글임에도 무언가 어색한 부분이 많이 보이기 시작했죠. 심지어 어떤 꼭지는 왜 이런 글을 썼는지 무슨 말을 썼는지 저도 잘 이해되지 않는 부분이 있었습니다.

이럴 때에는 책 쓰기 멘토 (정효평 작가)에게 조언을 구했는데 너무 걱정하지 말라는 위로와 함께 1주일에서 2주 정도 아예 원고를 보지 말라고 했죠. 잠시 제가 쓴 글과 거리를 두고 있을 시간이 필요하다고 그는 얘기했습니다. 어느 정도 손에서 교정을 놓고 나니 처음에는 걱정이 되기도 했지만 마음이 한결 편해지는 것을 느끼게 되었습니다. 마음의 안정을 찾고 마지막이라는 마음으로 다시 교정을 하여 책 교정을 마무리 할 수 있게 되었습니다.

예비작가 – 출간 이후에는 어떤 변화가 있었나요?

북스빌더 – 먼저 저를 바라보는 사람들의 시선입니다. 저를 그냥 소개했을 때와 책을 쓴 저자이기도 하다는 소개를 덧붙였을 때의 반응이 다르다는 것을 느끼게 됩니다, 제가 조금 더 전문적인 사람이라는 인식을 심어주는 것 같습니다.

그리고 누군가의 글을 읽을 때 글에 대한 두려움과 겸손함이 생긴 것 같습니다. 제가 쓴 글이 책이 된다는 것은 단순히 저의 이름으로 된 책 한 권이 생긴다는 것 이상의 의미를 갖는다는 것을 깨달은 것이죠. 책 쓰기를 시작할 때는 저의 목표와 의지가 중요했고 그 책쓰기를 마무리하는 교정을 하면서 저의 책을 읽게 될 독자가 더 중요하다는 것을 자연스럽게 느끼게 됩니다. 이렇게 책을 쓰는 과정은 자기중심적인 생각에 갇혀 있던 나를 조금 더 성장시켜주는 시간이 되기도 한 것이죠.

택스코디 같은 부캐로 책을 써야 성공한다는 것은 아니지만, 자신이 강의하는 분야에 자신의 저서가 있다는 것은 분명히 비즈니스와 자신을 브랜딩하는 것에 긍정적인 효과가 있습니다. 저 역시 그 효과를 톡톡히 보고 있습니다. 강의 제안이 왔을 때 보통 프로필을 보내달라고 합니다. 그러면 대부분 자신의 강의 경력을 내세우기 위해 어디 어디에서 강의를 이렇게 많이 했다는 프로필을 보냅니다.

하지만 그 경력이 그 사람이 가진 강의력이나 강의 콘텐츠로 인정받기가 쉽지 않습니다. 그렇기 때문에 어떤 의뢰인은 혹시 강의 영상이 없느냐는 질문을 하기도 합니다. 하지만 책이 두세 권 정도 되면 그것을 묻는 것이 아니라 오히려 책을 참가자들에게 선물도 드리려고 하는데 괜찮겠느냐는 질문을 받게 됩니다.

저서가 있다는 것은 자신의 콘텐츠에 대한 전문성을 어느 정도 보장받는 효과가 있다는 증거 아닐까요?

√부캐의 완성

연예인을 필두로 부캐가 무한 확장되는 이유는 달라진 한국 사회의 변화들이 투영돼 있기 때문입니다.

그 첫 번째는 '개인의 확장'입니다. 1970년대 개발 시대에 압축 성장을 일궈낸 힘은 개인보다는 가족을, 나보다는 집단의 이익을 먼저 추구했던 가치관에서 나왔지만 이런 가족주의적이고 집단주의적인 사고방식은 1990년대 IMF를 겪고 2000년대 초반 전 세계를 강타한 금융 위기를 겪으면서 급격히 개인주의로 변화했습니다. 한번 직원으로 들어가면 평생을 책임져 주던 이른바 평생 직장 개념이 사라지면서 이제 한국인들에게 중요해진 건 바로 나 자신이 되어버린 것입니다.

성장주의 신화가 깨지면서 막연한 미래의 성공에 대한 기대는 사라졌고, 대신 그 자리를 차지하게 된 건 현재의 확실한 행복이 되어버렸습니다.

이런 합리적 개인들은 일이 중심이던 집단주의적 세계에서 빠져나와 이제는 일과 삶의 균형을 추구합니다. 이른바 '워라밸'이 직장인들의 새로운 가치관이 된 것이죠.

그래서 일(Work)의 영역이 전부였던 과거에는 본캐만 존재했지만, 일 바깥(Life)의 영역도 중요해진 현재에는 그 다양한 세계를 탐험할 부캐들이 필요하게 됐습니다.

여기서 놀라운 건 때론 부캐가 본캐가 되기도 한다는 점입니다. 한 가지 영역만이 자신의 소명이라 여기며 살아왔던 이들은 의외로 자신이 잘할 수 있는 영역이 존재한다는 걸 부캐 활동을 통해 알아차리고, 어떤 기회를 만나면 인생의 새로운 국면을 열기도 합니다.

유튜브 같은 디지털 공간은 이러한 부캐 활동을 폭발적으로 여는 역할을 합니다. 항상 직장 개념 안에서만 살아왔던 이들이 1인 크리에이터라는 일종의 부캐 활동을 할 수 있게 해준 유튜브는 완벽하진 않아도 저마다 정보를 공유하고 나누는 것만으로도 존재 가치를 인정받게 해 줍니다. 이처럼 부캐에는 합리적 개인주의를 추구하고 일만큼 일 바깥의 세계가 중요해진 한국사회의 변화가 투영돼 있습니다.

요즘은 어디랄 것도 없이 문제 해결 능력을 갖춘 창조적 인재를 요구합니다. 앞서 말한 리터러시 지능을 가진 사람은 문제를 읽고 답을 생각하고 문제를 해결하는 사람입니다. 그는 시장을 읽고 상품화하고, 고객의 욕구를 읽어 맞춰주는 능력이 탁월합니다. 그들은 글로 타깃을 움직이고, 단 한마디의 연설로 청중을 휘어잡고 뼈아픈 경험이라도 독이 아닌 꿀로 만들어내는 특별한 재능을 지녔습니다.

리터러시 지능이 높은 사람은 창조력을 요구하는 조직에서 핵심 인재로 맹활약할 수도 있습니다.

부캐를 만들어 경제적으로 자유롭게 사는 삶을 원하는가요. 이런 삶이 가능하기 위해 당신의 하루를 글쓰기에 투자하세요. 리터러시 지능(Literacy Quotient)을 향상한다면 당신이 원하는 삶을 살 수 있습니다. 누군가가 내가 올린 글을 읽고 기뻐하거나 울거나 분노하고 각성해 그로 인해 변화를 꿈꾼다면 그만한 보람과 영향력이 어디 있을까요.

자기만의 메시지를 담은 웹사이트나 블로그, 혹은 직접 쓴 한 권의 책과 같은 자신만의 미디어를 가졌다는 것, 또 그러한 영향력을 집대성한 개인 브랜드를 가졌다는 것, 이것은 부캐가 가질 수 있는 대단한 힘이며 재산입니다.

　말하기와 글쓰기 재능은 누군가의 영혼에 불을 놓아 그로 하여금 자신의 삶을 자극해 일으켜 세웁니다. 또 누군가를 분노하게 만들며, 힘을 모아 어떤 권력도 막지 못하는 파도를 일으키고 장벽을 무너뜨리기도 합니다.

　부캐의 활약을 매일 기록하세요. 하나의 콘텐츠로 글의 더미가 쌓이면 책이 됩니다. 부캐의 완성은 책의 저자가 되는 것입니다.

02

인디펜던트 워커의 삶

√부캐 전성시대

부캐의 장점은 가고 싶은 길이 생겼을 때 모든 걸 걸고 '유턴' 하지 않아도 된다는 것입니다. 앞장에서도 강조했듯이 작게, 부담 없이, 좋아하는 걸 시작하기만 하면 됩니다.

퇴근한 뒤 요가 강사로 활동하거나 글쓰기 플랫폼에 에세이를 연재하는 직장인에겐 요가 강사와 작가가 바로 부캐인 것입니다.

'생업과 함께 좋아하는 일을 지속적으로 한다'는 의미로 해석하면 됩니다. 비유하자면, 메인 메뉴를 주문해야 시킬 수 있는 사이드 메뉴인 것이죠. (때론 가끔 사이드 메뉴가 먹고 싶어서 메인 음식을 주문하는 것처럼 관계가 역전되기도 합니다.)

최제원 씨는 부캐로 시작한 숙소 호스트가 인생을 바꿨습니다. 투룸 짜리 집의 방 하나를 내준 것이 부캐의 시작이었습니다. 여행을 못 가는 워커홀릭인 그에게 매일 밤 여행지의 기운이 제 발로 찾아온 것입니다. 여행자들과 나누는 수다가 일상의 유일한 탈출구였다고 합니다. 그렇게 캐릭터가 만들어진 것입니다.

퇴근한 뒤 갈 수 있는 재밌는 놀이터가 있다고 생각하니 회사 생활에도 여유가 생겼고, 그 균형감이 좋아 기록이라는 형태로 스스로에게 선물을 하기 위해 글을 쓴 것입니다. 블로그에 사진과 글을 남깁니다.

그런데 외국인과 소통하는 그를 보고 회사에서 해외 업무를 맡기기도 했습니다. 얼마 뒤 그는 숙소 호스트를 본업으로 전환합니다. 현재는 대화, 여행, 명상 등을 제공하는 휴식 엔터테인먼트 사업을 하고 있습니다. 최근 자신의 경험을 바탕으로 부캐에 대한 조언을 담은 책 〈나의 첫 사이드 프로젝트〉를 출간했습니다. (다시 한번 말하지만 부캐 최고의 스펙은 책의 저자가 되는 것입니다.)

부캐에 대한 정의는 개인마다 다릅니다. 자기계발 시장에선 일찍이 부업의 의미로 통용되었습니다. 소자본 창업에 성공한 사람들을 취재해 책으로 출간한 미국의 사업가 크리스 길아보도 이

점을 강조합니다.

호텔 청소부이던 저소득층 워킹맘이 온라인 제빵 강좌를 개설해 억대 수입을 올리거나 TV 프로듀서가 핸드메이드 스카프 브랜드를 만들어 성공을 거둔 사례를 소개하는 식입니다.

그런데 저는 즐거움에 방점을 찍고 싶습니다. 틈새 시간을 활용해 돈을 버는 게 부업이라면 부캐는 내가 기뻐하는 일을 하는 것에 가까운 것이라고 생각합니다. 하나의 정체성을 갖고 사느라 넣어두었던 제2의 페르소나를 꺼내는 것입니다. 결과적으로는 부업이 될 수도 있겠지만 펼치지 못한 가능성과 재미에 주목하는 것입니다.

어느 사회집단이든 오랜 세월을 거쳐 공동으로 형성되는 행동규범, 가치관, 지켜야 할 도리와 관습, 인습들이 있습니다. 그 문화권을 벗어나면 어쩌면 별 쓸모없는 관념들일 수도 있지만 그 집단사회의 구성원으로 살아가려면 지키고 따라야 합니다.

특히 우리나라처럼 지연, 학연, 근무처, 소속, 직위, 성, 연령, 결혼관계 등 개인이 속한 집단의 직함으로 그 존재를 수식하고 판단하는 사회에서는 두드러집니다. 그 집단 속에서 살아가자면 누구나 다면(多面)의 페르소나(Persona)를 가지게 됩니다.

이처럼 또 다른 자아인 페르소나를 요즘은 '부캐'라고 부릅니다. 이미 우리는 MBC 예능프로그램에서 활약하는 유재석을 통해 유재석 본캐보다 유고스타, 유산슬, 유르페우스, 닭터유, 유두래곤, 지미 유, 카놀라유 등 여러 개의 부캐로 친숙해졌습니다.

유재석 뿐 아니라 매드 클라운의 부캐 마미손, 개그우먼 김신영의 김다비, 개그맨 추대엽의 카피추, 트로트가수 임영웅의 부캐 진행자 MC웅, 래퍼 MC웅, 유튜버 MCN, 93세 베테랑 MC 송해의 아리송해 등 부캐의 활약상을 익히 보아 왔습니다. 부캐가 인기를 끄니 부캐들의 활동을 전문적으로 지원하는 매니지먼트 회사까지 설립되고 있습니다. 가히 1인 10색(一人十色) '부캐 전성시대'에 살고 있다 해도 과언이 아닙니다.

이런 현상은 비단 연예인뿐만이 아닙니다. 일반 직장인 중에도 대다수가 멀티 페르소나 트렌드에 공감하며 본래의 직업 외에 자신의 또 다른 정체성인 부캐로 활동하는 붐이 일고 있습니다. 주 52시간 근무제의 영향으로 여가를 활용하여 여러 개의 직업을 갖는 'N잡러'가 늘고 있고, 이른바 '워라벨(Work-life-balance : 일과 삶의 균형)'이 직장인들의 새로운 가치관으로 자리 잡으며 적극적으로 자신이 좋아하는 취미활동을 하다 보니 그것이 실제 수입을 창출하며 제2의 직업이 되기도 하고, 때론 부캐의 수입이 본캐보다 월등히 많아져서 부캐가 본캐가 되는 경우도 많습니다.

또한 급속도로 발전하는 SNS와 특히 코로나19 팬데믹으로 온라인 활동이 주류를 이루다 보니 유튜브 크리에이터, 블로그 작가 등 또 다른 형태의 SNS 상의 '멀티 부캐'가 급속도로 양산되는 추세입니다.

코로나19로 꽉 막히고 답답한 일상, 서로 만나고 교류하고 함께 모여 어려움을 나누고 싶어 하는 인간적 욕망을 똘똘한 부캐 하나 키워 보는 것으로 해소해 보면 어떨까요. 더 늦기 전에 평소 관심이 있거나 좋아하는 것, 또는 꼭 해보고 싶은 것들이 있다면 더 이상 억누르지 말고 과감하게 도전해 보는 것입니다.

어마어마하게 넓고 다양한 가능성들이 열려 있는 부캐의 세계로 한 번 뛰어들어가 보는 것입니다. 그러고 보니 저 역시 본캐는 작가인데 지금은 기획자(잡빌더)로 변신하여 살고 있으니 부캐가 본캐를 앞서게 된 격이라 할까요.

√ 부캐로 블로그 운영하기

최근 블로그에서 제휴마케팅 또는 쿠팡 파트너스로 인해 돈을 버는 블로거들이 많이 생겨나면서 블로그에 대한 관심이 다시 생겨나고 있습니다.

2010년도에도 이미 공동구매 마켓으로 블로그는 수익을 창출하는 플랫폼이었습니다. 그러다가 파워블로거들의 수익 창출에 대해 이슈화되면서 대놓고 돈을 버는 형태에서 조용히 돈을 버는 형태로 바뀌었습니다.

2021년 현재 블로그 마케팅은 자유성, 수익 창출, 시간과 공간에 제약이 없어 인디펜던트 워커의 삶을 원하는 사람들에게 관심이 늘어나고 있습니다. 블로그가 마케팅 툴로서 재조명되고 있습니다.

101

오랫동안 블로그를 하던 사람들은 그것에 대한 영향력을 이미 잘 알고 있지만, 새로 시작하는 사람들은 블로그에 대한 선입견이 많죠.

'블로그를 지금 시작해서는 답이 없어, 이미 레드오션이야!'

블로그가 진입 장벽이 높다고 생각하지만, 블로그는 무엇보다도 진입 장벽이 낮은 공간입니다.

누구나 진입할 수 있고(가입 제한 없음) 쉽게 이용이 가능(네이버만 가입하면 자동 생성)하기 때문에 블로그에 대한 선입견을 깨고 도전하겠다는 마음만 있으면, 블로그를 통해 충분히 성장이 할 수 있습니다.

진입장벽이 낮은 이유로 수많은 블로거 중에서 돋보이는 블로그를 운영하기란 쉽지 않은 것도 사실입니다.

부캐의 콘텐츠로 블로그를 시작하기에 앞서 블로그를 왜 해야 하는지에 대해 자문해 보길 바랍니다,

흔히 사람들은 '블로그는 이제 구식이야' '요즘은 인스타의 시대야' '유튜브의 시대야'라고 말을 합니다, 그 트렌드도 맞고, 트렌드를 따라가는 것도 맞지만 트렌드는 트렌드일 뿐, 그 트렌드

를 담을 수 있는 플랫폼 중에서 가장 유용한 것은 블로그입니다.

그 이유는 블로그는, 가장 좋은 포트폴리오이면서 동시에 소셜 커리어 이력서이기 때문입니다. 시작 단계에서는 재능 거래 플랫폼을 활용하면 좋으나 점차적으로 고객들을 랜딩페이지(저는 블로그 입니다.)로 모을 필요는 있습니다.

또 사람들은 궁금한 점이 생기면, 제일 먼저 네이버 검색엔진을 활용하고 있고, 검색 결과는 블로그 자료가 많이 활용되고 있는 것도 이유입니다.

더불어 카테고리별 주제별 프로젝트별 관리가 유리하기 때문에 보는 사람도, 관리하는 사람도 사용하기 편리합니다.

그리고 이웃을 개별 또는 그룹으로 관리할 수 있어서 고객들을 관리하는 상업 블로그라면 단골 이웃들과 친밀하게 관계를 맺어가면서 우리 매장으로 더 빨리 오게 만들 수도 있게 합니다.

마지막으로 스마트 통계를 잘 활용할 수 있습니다. (그것만 보더라도 왜 이 방문자들이 나를 찾지? 어떤 연령대가 나를 찾지? 무엇에 관심이 있지? 등을 알 수 있습니다.)

그리고 블로그로 할 수 있는 일이 정말 많습니다. 블로그는 다양한 활동으로 수익을 창출할 수 있습니다. 그 부분도 한 번 살펴볼까요.

1. 리뷰단, 체험단 상품/서비스

취미 상품 무료, 생활용품 무료, 운이 좋으면 고가의 IT 상품도 무료로 사용할 수 있다.

2. 에드포스트 광고

치킨 값 정도이지만 티끌 모아 태산처럼 적은 돈도 모이다 보면 어느 순간 큰돈이 될 수 있습니다. 몇 십만 원에서 몇 백만 원까지도 받는 블로거도 있습니다. (참고로 저는 애드포스트 광고는 하지 않습니다. 나의 콘텐츠와는 상관없는 링크가 붙는 것이 지저분하게 느껴져서 저는 제가 쓴 책 구매 사이트 링크를 걸고 있습니다.)

3. 기업, 기관 서포터즈 활동비 및 혜택

서포터즈 활동을 통해 입사 제안까지 받을 수 있는 기회가 될 수도 있습니다.(실제로 기업은 경험을 해본 사람을 뽑으려고 합니다.)

4. 제휴마케팅

블로그에 책을 소개할 때 첨부 링크를 YES 24로 걸면 수익이 발생되는 구조입니다. 책에 관련된 리뷰가 계속 쌓일 경우 YES24를 통해 유용한 연금이 될 수도 있습니다. 따라서 이런 제휴마케팅은 똘똘한 투잡 수익이 될 수 있습니다.

5. 블로그 마케팅 대행

블로그를 꾸준히 운영하다 보면 주변에서 제안이 많이 들어옵니다. (우리 기업의 물건을 소개해 달라고 하면서 소정의 원고료를 지급하거나 상품 서비스를 지급하는 곳도 있고, 단위가 커지면 신제품이 나왔는데 대행단을 꾸려주세요라든지 아니면 이것에 대한 이야기를 몇 회에 걸쳐서 해주세요라고 사업화할 수 있는 구조가 생기기도 합니다.)

일종의 브랜디드 마케팅입니다. 이것이 광고라는 것은 밝히되 블로거가 그 분야와 연관이 되어 있고 꾸준한 블로그 활동을 통한 신뢰도를 바탕으로 마케팅을 진행하는 것입니다.(이렇게 기업 마케팅 대행이나 프리랜서로의 마케팅 대행으로 수익화도 가능하게 됩니다.)

6. 공동구매 – 블로그 샵

꾸준히 블로그 활동을 하다 보면 유통회사에서 자연스럽게 공동구매 제안을 받게 되기도 합니다. 내가 원하는 제품을 써보고 괜찮다고 생각되면 팔아보는 것도 가능하게 됩니다. 이것을 요즘에는 세포 마켓이라고 부릅니다. (1인 미디어가 급증하면서 인스타그램이나 페이스북 등 소셜네트워크서비스(SNS)를 통해 이뤄지는 1인 마켓. 세포 단위로 유통시장이 분할되는 모습을 비유한 것입니다.)

특히 이런 공동구매의 경우에는 고객들에게 이메일만 제공받아서 제공하면 되기 때문에 배송, CS 등 실제적 업무는 업체에서 처리해 주기 때문에 편리합니다. (블로그에 포스팅 하나 하고, 주문 배송만 메일로 보내면 끝입니다. 간단하면서 사업화할 수 있고, 수수료도 꽤 높습니다.)

7. 소그룹 강의, 코칭

블로그를 잘 운영하고 있으면 누군가가 배우고 싶어 합니다. 그때에는 소그룹 강의, 코칭을 할 수 있습니다. (최근에는 이 분야를 자격증으로 만들면 좋겠다는 시장 흐름에 따라 '바이럴 마케터'라는 민간 자격증이 생기기도 했습니다.)

8. 전문 마케팅 강사

그렇게 성과가 쌓이게 되면 전문 마케팅 강사가 되고, 다양한 기관이나 대학에서 강사를 하면서 강의료를 받고 정식으로 강의를 할 수 있게 됩니다.

저는 강의 신청도 블로그 비밀댓글로 받고 있습니다. 여러모로 활용하면 좋습니다.

9. 컨설팅

그 단계에서 또 레벨이 올라가면 컨설팅도 할 수 있습니다. (사업가들이 찾아와서 어떻게 하는지 알려주세요라고 묻게 됩니다.)

10. 책 출간

콘텐츠가 쌓이게 되다 보면 책으로 엮이게 되고 그것들을 원하는 사람들에게 팔 수 있게 됩니다. 저는 매일 하나 이상의 블로그 포스팅을 하고 있습니다. 2년 동안 하루도 빠지지 않고 하다보니 제법 않은 책을 출간한 저자가 되었습니다.(블로그 포스팅을 보고 출판사에서 제안이 오는 행운을 당신도 경험하길 바랍니다.)

11. 네트워크 확장

파워블로거가 되면 유명한 셀럽들과 한자리에 설 수도 있게 됩니다.

12. 기업, 전문가와의 협업

상대가 가지고 있는 역량과 나의 가지고 있는 역량을 콜라보로 해보자는 제안이 오기도 합니다.

13. 퍼스널 브랜딩

계속해서 레퍼런스가 쌓이면 결국에 브랜드가 됩니다. 많은 사람이 나에 대해 이야기한다는 것, 그게 바로 브랜드가 형성된다는 거죠. 이름 또는 닉네임을 키워드로 검색했을 때 많은 검색양이 나온다는 것 또한 브랜드로 정착해가는 과정 중인 겁니다. 많은 사람이 모두 자기 이름으로 살고 싶어 합니다. 그것을 가능하게 만드는 대안이 블로그입니다.

14. 팬덤 마케팅 & 굿즈 사업

나를 좋아하는, 나를 지지하는 세력에게 필요한 아이템들을 줄 수 있고, 협업이 이루어지면서 이런 것들도 가능하게 됩니다.

15. 창업

사업자등록증을 내고 이런 것들이 상업화되고 비즈니스 모델

이 되면서 수익화 시킬 수 있는 단단한 힘을 갖게 되는 구조
가 될 수 있습니다.

부캐가 가진 콘텐츠로 블로그를 통해서 돈도 벌 수 있고, 일
에 대한 확장도 일어나면서, 자기의 꿈도 이룰 수 있고, 자
기의 생활에 대해서 편리함을 얻을 수 있는 혜택도 많아지게
되는 이 모든 것이 구축이 되는 것입니다. 이렇게 되기 위해
서는 매일 하나 이상의 꾸준한 포스팅은 필수입니다.

√ 부캐로 비즈니스 하기

인생의 후반부를 자기 주도로 관리하기 위해서는 전제조건이 하나 있습니다. 그것은 인생의 후반부로 접어들기 훨씬 전에 그 준비를 시작해야만 한다는 것입니다.

당신의 첫 번째 경력이 절정에 도달하기 훨씬 전에 제2의 경력을 시작하면 좋겠습니다. 출발은 가볍게 시작할 수 있는 부캐면 좋습니다.

왜 우리는 인생의 후반부를 준비해야 할까요? 우리는 앞으로 첫 번째 직업에서 상당한 성공을 거둔 사람들이 제2의 경력을 쌓아가는 모습을 한층 더 많이 보게 될 것입니다. 아울러 30세에 처음 직장에 근무한 사람이 60세가 될 때까지 여전히 계속 한 직업만을 끝까지 존속할 수도 없을 것입니다.

이제 세상은 너무 빠르게 급변하고 있고 사람도 한 가지 일만 계속 수행하기에는 너무나 긴 시간입니다. 어느 정도 시간이 흐르면 대부분의 사람은 그때까지 해오던 일에 흥미를 잃고 지루해합니다. 또한 하던 일의 능률도 차츰 떨어집니다. 그리고 자의 반 타의 반 새로운 변화를 갈망하게 됩니다. 21세기 지금 우리의 현실은 개인들이 우리가 근무했던 그 조직보다 더 오래 일을 해야 할지도 모릅니다. 이러한 사실은 개인들에게 전적으로 새로운 도전과제를 던져줍니다. '인생의 후반부에는 무엇을 할 것인가'에 관한 도전 말입니다.

이제 일은 60세 나이로 끝나지 않습니다. 많은 중년이 자신의 중년 위기에 대해 알고 있고 미래를 준비합니다. 그러나 지금이 자신의 전성기라고 믿는 사람은 그들의 전성기를 누리면서 더 이상 아무것도 배우지 않으며, 어떤 것에도 관심을 기울이지 않고 있습니다. 그러나 전성기는 오래가지 않습니다. 언젠가는 전성기가 끝나고 나이에 상관없이 새로운 일을 찾아야하고 계속해야 합니다. 자기 자신을 관리하는 데 있어 인생 후반부에 대한 준비는 미리 시작하는 것이 최선입니다.

아직 부캐를 만들지 않았다면 본 책을 잠시 덮어 두고 부캐부터 만들기를 권합니다. 인생 후반부에 대한 준비는 부캐만 한 것이 없으니까요.

비즈니스를 잘하는 사람과 평범한 사람의 업무 방식에는 어떤 차이가 있을까요? 어떤 접근 방식을 취해야 업무 능력을 한 차원 높일 수 있을까요?

부캐를 만들었다면 이제부터는 부캐를 활용해서 돈을 벌 단계입니다. 그러면 일을 잘하는 사람의 업무방식을 조금 살펴볼 필요가 있습니다.

일을 잘하는 사람은 '할 일 목록'(to do list)부터 만들지 않습니다. 할 일 목록은 내가 해야 할 업무의 제목만을 나열할 뿐 그 결과로 생겨날 수 있는 수십 가지 가능성을 고려하지 못하는 한계가 있기 때문입니다.

일은 컨베이어벨트 위의 제품처럼 작업자가 놓아둔 대로 가만히 있지 않습니다. 어떤 업무를 완료한 다음에는 그에 따른 결과로 또 다른 일거리가 생겨나며, 또 어떤 업무는 진행하는 동안 새로운 상황이 발생하기도 합니다. 예를 들어 누군가에게 메일을 보내면 상대방에게 답메일이 날아와 또 다른 일거리를 만들어 냅니다.

일을 잘하는 사람은 상황에 능동적으로 대처하기 위해 할 일 목록을 나열하지 않고 개별 업무의 결과로 어떤 상황이 발생할지를 고려해서 일의 우선순위를 정합니다.

또한 일을 잘하는 사람은 최종 목적이 무엇인지 분명히 인식하고 업무에 임합니다. 다시 말해 목적과 수단을 혼동하지 않는다는 것. 이들은 목적으로 향하는 과정에 요구되는 업무들은 반드시 꼭 필요한 업무인지를 따져보고 최소한으로 수행합니다.

반면에 일을 못하는 사람은 최종 목적을 알지만 과정에서 요구되는 잡무에 매몰됩니다. 예를 들면 전략을 구상할 때 'SWOT 분석'에 매몰되거나 보고서 작업에 치중하는 사람 등이 대표적입니다.

일을 잘하는 사람은 무조건 노력하지도 않습니다. 물론 단순 반복적인 업무에서는 성실하게 노력하는 것이 최선입니다. 그러나 기발한 아이디어를 구상하거나 문제의 원인을 파악하고 정체되어 있는 판로를 뚫어야 하는 일에서는 무턱대고 노력하는 것보다 무엇에 집중해야 하는지를 빠르게 파악하는 것이 더 중요합니다.

낯선 상황, 새로운 경험에 당신을 던져 본 적이 있는가요? 새로운 경험에 나를 던져 보면 할 수 있는 일이 하나둘 늘어나고, 나의 삶의 영역이 확장됩니다.

경영학의 대가이자 마케팅의 그루인 피터 드러커는 "21세기 인디펜던트 워커(지식 크리에이터)는 자신의 비전으로 자기실현을 하기 위해 인생의 후반부를 미리 준비하라"고 말합니다.

인생의 후반부를 설계하는 데에는 몇 가지 방법이 있습니다. 제2의 다른 경력을 실질적으로 시작하는 것입니다. 이것은 지금의 조직에서 다른 조직으로 단순히 옮기는 것일 수도 있습니다. 그것은 이전의 조직에서 하던 것과 같은 종류의 일을 그대로 이어가는 것입니다. 예를 들면 대기업의 사업부 경리책임자였던 사람이 중소기업의 경리 책임자로 이동하는 경우입니다. 현실적으로는 전혀 다른 직무로 이동하는 경우도 마찬가지입니다.

첫 번째 직업에서 상당한 성공을 이룬 사람이라면 이처럼 새로운 명함을 만들고 제2의 경력(second career)을 쌓아가는 것입니다. 만일 자신이 기존의 직업에서 실용적인 기술을 갖고 있거나 일의 진행방법을 충분히 숙지한 경우에는 이동하기가 수월할 것입니다. 그러나 이 또한 새로운 도전을 필요로 합니다.

또 다른 방법은 병행경력(paralled career)을 개발하는 것입니다.

114

이것은 첫 번째 직업에 계속 종사하면서 다른 부업을 동시에 찾아 함께 병존하는 것입니다. 이를테면 회사의 경영을 책임지는 임원이나 간부가 다른 회사의 상담원을 추가하거나, 학교나 아카데미 등에서 자기의 전문지식을 가르치는 교육이나 강의를 따로 맡는 것처럼 지난 세월 동안 몸담아 온 직업에 계속 종사하면서 파트타임 일자리를 선택해 자신의 임무를 나누어 갖도록 하는 것입니다. 아니면 방향전환을 하기 위한 사전준비를 하고 필요한 예비활동에 시간을 별도로 내어 현재 하는 일과 병행해 함께 추진하는 것입니다. 인디펜던트 워커가 자기 자신을 지속 가능한 관리를 한다는 것은 곧 '제2의 주요 관심사(second major interest)', 즉 부캐를 개발하는 것입니다.

√부캐로 몸값 늘리기

어떻게 하면 부캐로 경제적 자유를 좀 더 빨리 누릴 수 있을까요? 결론부터 얘기할까 합니다.

우리나라에 세무사는 많은데 택스코디는 단 한 명입니다. 즉, 경쟁 대상이 없다는 것입니다. 경쟁자가 없으면 부르는 게 값이 됩니다. 정말 간단한 이치 아닌가요?

그렇다면 당신이 해야 할 일은 압도적인 부캐를 만들려 하지 말고, 독보적인 부캐를 만드는 것입니다.

세무사로 활동 중인 친구가 하소연을 합니다. '난 식당 세무 대리는 하지 않기로 했어. 그들은 세금을 적게 내려고만 할 뿐, 도통 알려고 들지 않아. 조금이라도 알아야 내가 하는 말을 알아먹

을 텐데…스트레스가 이만저만이 아니야.'

저는 여기서 택스코디가 해야 할 일을 찾았습니다. '그래, 2시간 안에 세금초보자가 세무사랑 소통이 가능한 수준으로 만들어 보자'가 그것입니다. 택스코디 2시간 세금 강의는 이렇게 만들어 졌습니다. 시작 단계에서는 강의료를 5만 원을 받았습니다. 지금은 100만 원을 받고 있습니다. 2년 만에 몸값이 20배나 올랐습니다.

세금 관련 책이 나올 때 마다 몸값을 올렸습니다. 5만 원에서 10만 원으로, 10만 원에서 다시 20만 원으로, 그렇게 몸값을 올리다 보니 지금은 100만 원이 되었습니다.

부캐의 콘텐츠가 독보적이라면 몸값은 스스로 결정이 가능합니다.

만약 경쟁의 길로 뛰어든 당신이라면 불가능할 수도 있습니다. 그러기에 경쟁하지 않는 콘텐츠를 찾아야 하고, 그 일에 매진해야 합니다.

세무사가 아닌 사람이 세무 책을 쓴다? 세무사가 아닌 사람이 세무 강의를 한다? (처음에는 많은 비웃음을 감내해야 했습니다.) 말도 안 되는 얘기를 저는 말이 되는 얘기로 바꾸었습니다. 경쟁하지 않는 길이기에 강의료는 제가 결정합니다.

정식 출간 전 부크크라는 출판 흘랫폼을 통해서 책을 출간을 해보았습니다. 그 당시 저의 강의료는 2시간 기준 5만 원이었습니다. 택스코디 첫 책 〈2시간에 끝나는 부가가치세 셀프신고〉가 출간되고 두 배로 올렸습니다. 지금은 100만 원을 받고 있습니다. 다음번 책이 나오면 강의료를 또 인상할 예정입니다. 자신의 몸값은 스스로 결정할 수 있는 콘텐츠를 찾는 것이 중요합니다.

무료 강의는 가급적이면 하지 않는 것이 좋습니다. 저의 경험상 강의료가 비싸면 비쌀수록 오히려 수강생들의 만족도는 더 커졌습니다.

택스코디라는 부캐를 시작했을 때는 재능 기부의 형식으로 많은 사람을 상담해 주기도 했습니다. 그런데 적잖은 오해를 받기도 했습니다. 저는 순수하게 도와줘야겠다는 마음으로 한 행동들이 오해를 나았습니다. 그들은 '분명 무슨 목적이 있을 것이야.'라고 생각했습니다. 너무 어이가 없어서 조금은 힘들었습니다. 그 일을 경험하고 나서는 재능 기부는 일체 하지 않기로 마음먹었습니다. 저 역시 사람이라 선의가 오해로 변질되는 과정들이 견디기 힘들었습니다.

부캐를 시작하는 단계에서 가급적이면 재능 기부는 하지 마세요. 상응하는 대가를 꼭 받아야 합니다.

  다시 강조하지만, 자신의 몸값은 자신이 결정해야 합니다. 그
리고 몸값은 계속해서 비싸져야 합니다. 그 이유는 당신의 부캐
는 세상에 없는 유일한 것이기 때문입니다.
  부캐의 가치는 지금이 가장 쌉니다. 왜냐면 계속해서 오르기
때문입니다.

√부캐의 필수조건, 독서

스마트폰이 등장하면서 사람들은 점차 두꺼운 책을 읽기보다 SNS를 이용해 깊이 읽지 않고 대강 훑어봅니다. 책을 읽고 글을 쓰는 대신에 영상을 보고 찍고 업로드 합니다.

읽는 행위가 보는 행위로 바뀌고 쓰기가 찍기로 바뀌면서 인지양식은 물론 사물이나 현상을 이해하는 방식에도 혁명적인 변화가 오기 시작한 것이죠.

아무리 영상 미디어가 대세를 이루고 텍스트를 대체하는 이미지 시대가 펼쳐진다고 해도 심오한 학문적 이론과 난해하고 복잡한 과학적 발견을 모두 이미지가 첨부된 동영상으로 편집해서 전달할 수 없습니다. 영상을 보기만 해서는 말하는 사람이 주장하는 메시지를 내 것으로 만들 수는 없죠.

120

오직 읽기를 통해 깨닫고 쓰기를 통해 사유를 정리해야 비로소 내 것으로 되는 것입니다.

독서를 통한 '셀프 러닝' 그것은 우리가 할 수 있는 놀라운 일입니다. 시간을 잘 보낼 수 있는 좋은 방법이기도 합니다. 어떻게 시간을 보내는가에 따라 그 사람의 격과 수준이 달라집니다. 그 시간의 양과 주제에 따라 그 사람의 삶의 수준이 바뀌고 인생의 지도가 바뀌기도 합니다. '혼자 스스로 공부하는 시간'을 늘리고 그 격을 높여 보길 바랍니다.

우리의 인생을 바꾸는 것은 학력이 아니라 학습입니다. 이것이 바로 독서를 권하는 이유입니다. 게다가 독서는 먹고 살 걱정을 벗어난 현대의 도시인에게 찾아오는 권태를 치료하는 처방전이 되기도 하고, 외롭고 고독하다는 젊은이나 나이 든 어르신들의 무료함이나 소외감을 달래는 치료제가 되기도 합니다.

개미를 혼자 연구해서 책으로 펴낸 베르나르 작가, 미국의 링컨 대통령이나 발명왕 에디슨도 성공의 시작에는 독서가 있습니다. 자기가 좋아서 하는 독서, 자기가 스스로 찾아하는 독서는 부캐를 성장시킵니다.

문화심리학자인 김정운 박사는 만 50세가 되는 해 "난 이제 내가 하고 싶은 일만 한다"라고 일기책에 선언하고, 남들이 부러워하는 교수직을 사표내고 일본으로 건너갑니다. 그는 일본에서 자신의 오랜 꿈이었던 그림을 본격적으로 그리며 저작 활동에 몰두했습니다. 그는 4년 동안 전문대를 졸업하고 베스트셀러 5권의 저서를 출간합니다.

시도해보면 알겠지만, 책 한 권의 저자가 되는 것은 생각만큼 어려운 일이 아닙니다. 그러나 다작을 하는 것은 쉽지 않습니다. 부캐의 완성은 책의 저자가 되는 것이고, 부캐의 몸값은 출간된 책의 권수에 비례합니다. 따라서 많이 쓰는 것이 중요합니다. 잘 쓰기 위해선 읽기와 생각하기, 그리고 쓰기라는 각각의 모듈이 하나의 메커니즘으로 작동하는 프로세스와 훈련이 필요합니다.

읽기가 중요한 것은 생각과 표현하기라는 중대한 능력과 연동되기 때문입니다. 읽기를 통한 외부의 자극은 머릿속에 담겨진 기존의 지식을 인출 하면서 새로운 생각을 만들고 이어 또 다른 지식을 창조하는 시작점이 됩니다.

세계의 유명 대학들 역시 학생들이 더 경제적으로 책을 읽고 이해하도록 만들기 위해 신입생 교과 과목으로 교양 필수항목으로 선택된 책을 의무적으로 읽게 하고, 속독법과 같은 독서의 방법을 가르치기도 합니다.

읽기는 문자를 인지하는 단순한 행위가 아닙니다. 읽기는 통찰입니다. 문자의 나열이 의미하는 읽기란 문자 더미에서 수많은 지식과 정보들이 지닌 개개의 단서들을 찾아 그것을 선으로 연결하고 입체적으로 조립해 그사이에 존재하는 의미를 해석하고 나만의 필터로 해독하는 일입니다.

나아가 삶을 읽어 내는 일이며, 온 우주에 대한 지식과 통찰을 내 삶에 불러오는 일입니다. 세상을 파악하는 안목을 기르는 행위입니다. 이것이야말로 자기 계발을 꾀하는 부캐가 갖춰야 할 가장 중요한 능력입니다.

읽기는 읽어 낸 지식과 정보의 양과는 무관합니다. 그 양이 얼마나 되든, 중요한 것은 그 속에서 무엇을 읽어 낼 수 있는가 하는 것입니다.

잘 읽으면 잘 쓰게 되고, 잘 썼다는 건 잘 생각했다는 증거입니다. 잘 생각하려면 더 읽게 되고, 더 읽으면 더 쓰게 되고, 다시 더 생각하게 되고, 이것이 반복해서 시간이 늘어나면 그 결과 콘텐츠를 기획하고 창조하는 능력이 출중해집니다.

단지 부캐를 만들었단 사실에 만족하지 않고, 성공을 원한다면 읽고 쓰는 사람이 돼야 합니다.

Chapter 3

부캐를 기획하다(잡빌더)

━━➤ 캐릭터 소개:

잡빌더_ 캐치 프레이즈는 '당신의 콘텐츠는 압도적이 아니라 독보적이어야 한다'이다. 많은 양의 독서와 성찰로 만들어진 캐릭터다. 부캐를 기획하며, '유니크 워커'가 답이라고 외친다

01

누구나 가능하다

√소년원에서 삶을 배운 청년

그를 처음 만난 건 택스코디로 한창 활동할 때입니다. 그는 적지 않은 금액인데도 1:1 세무과외를 신청했고 그렇게 그와의 인연은 시작됐습니다. 그의 얘기를 한번 들어 볼까요.

'중학교를 입학하면서 또래 친구들에 비해 덩치가 컸고, 얼굴이 삭았다는 이유로 겉모습은 강하게 보였고 그로 인해 주위에서 시비를 걸어왔습니다. 배운 운동은 하나도 없지만 희한하게 싸울 때마다 이기게 되었고 주위에서 바라보는 저의 강한 이미지는 더욱더 각인됐습니다. 속은 여리지만 겉으로는 강한 모습만 보여주며 살 수밖에 없었고 자연스럽게 나쁜 길로 빠질 수밖에 없었습니다. 그 결과 저는 15살이라는 나이에 소년원에 수감되고 출소

128

후 다시는 나쁜 길로 빠지지 않겠다고 다짐했습니다.

하지만 그동안 살아온 인생이 뭐라고 주위에서 들려오는 좋지 않은 얘기와 시비에 자존심이 허락하지 않았고 다시 친구들과 어울렸습니다. 그 결과 친구들과 술, 저 자신과의 싸움에서 이기지 못해 16살에 다시 소년원에 2년 동안 수감되고 말았습니다. 서울에서 수감생활을 하니 부모님께서 먼길 저를 보러 면회 오시는 것도 죄송스러웠고 많이 울었습니다. 어린 나이에 수감생활을 하면서 곰곰이 지난 일들을 돌이켜 생각해보니 친구들과 어울려 재밌게 놀았던 결과는 사회와 격리되어 살아가야 한다는 것을 깨달았습니다. 수감생활을 하면서도 마냥 조용히 지낼 수 없는 상황이 많이 닥쳤지만 잘 참고 견뎌 내 큰 사고 없이 지낸 결과 1년 3개월 만에 가퇴원을 할 수 있었습니다.

출소 후 부모님께 용돈을 받기도 죄송스러웠고 가진 것은 하나도 없는 상황이라 바로 배달 일을 시작할 수밖에 없었습니다. 다행히도 안에서 참는 인내심을 배웠고 다시 수감되지 않기 위해 친구들과 어울리지 않고 열심히 일한 결과 처음으로 제가 정직하게 돈을 벌어 사고 싶은 것을 사고 돈 버는 재미를 알게 되었습니다. 수감생활을 하면서 성격도 꼼꼼하게 변했고 그 성격이 일을 할 때 많은 도움이 되었습니다. 차마 부모님께 용돈 달라는 얘기를 할 수가 없어 고등학교를 다니면서 일을 병행하고 제 살길을 직접 만들어 가다 보니 열심히 살 수 밖에 없었습니다. 그 시간이 자연스럽게 1년, 2년, 3년 쌓이다 보니 주변 가게에서 스카우트제의가 들어왔고 저의 강했던 이미지는 열심히 사는 이미지로 바뀌었습니다. 물론 친구들과 어울리고 싶고 제 또래 친구들처럼 아무 생각 없이 평범하게 살고 싶어 그 누구보다 열심히 사는 것을 포기하고 싶을 때도 많았습니다. 하지만 그동안 쌓아온 저의 노력을 한순간에 무너뜨리기 싫어 자기 자신과의 싸움에서 이겨낼 수 있었습니다.

어린 나이에 돈을 벌다 보니 공부보다는 돈을 버는 재미가 컸고 자연스럽게 돈을 더 벌기 위해서는 학교를 자퇴했습니다. 학교를 그만둔 만큼 더 열심히 돈을 벌기 시작하여 그 결과 22살이라는 나이에 부모님의 도움을 받지 않고 작은 식당 사장이 됐습니다. 물론 그동안 번 돈을 쓸데없이 쓰지 않고 악착같이 모았기 때문에 가능했던 일입니다. 사장이 된 후 더 열심히 하기 시작했지만 사회복무요원으로 군 복무를 해야 하는 시련이 닥쳐왔습니다. 하지만 저는 가게에서 버는 수입이 1년에 1억 정도 되었기에 가게를 포기할 수 없었고 가게를 운영하면서 사회복무요원으로 군 복무를 시작했습니다. 그리고 돈을 더 벌기 위해 가게를 하나 더 오픈했고 저는 아침 8시에 일어나 사회복무요원으로 군 복무를 하고 저녁에는 가게 2개를 운영하면서 무리하게 살아오다 보니 지칠 수밖에 없었습니다. 그 결과 오토매장으로 운영하는 가게는 서서히 매출이 떨어지기 시작했고 모든 일이 조금씩 꼬이기 시작했습니다. 군 복무 때문에 24시간을 제가 원하는 대로 쓸 수 없고 직원들 때문에 스트레스를 너무 많이 받아 돈에 대한 욕심의 결과로 죽고 싶다는 생각까지 하게 되었습니다.

더불어 항상 생각한 대로 일이 풀리지 않는다는 것을 처음 알게 되었습니다. 당분간은 그동안 일궈낸 성과를 생각하며 군복무를 먼저 끝내고 다시 시작하자는 마음으로 가게 두 개를 손해 보며 정리했습니다. 군 복무를 끝내자마자 다시 가게를 시작하였고 이제는 24시간을 제가 원하는 대로 쓸수 있었기 때문에 더 열심히 살았고 프랜차이즈 치킨집 부산직영점까지 운영할 수 있는 기회도 찾아왔습니다. 10평 남짓한 가게에서 매출 월 5천만 원을 찍는 프랜차이즈 직영점 가게를 운영했지만, 매일 정해진 시간에 출퇴근 하여 가게를 운영하는 것이 행복한 삶인지 의문이 들기 시작하였고 1년 전쯤 가게를 운영하면서 세금 궁금증 때문에 세무교육을 받은 택스코디님이 문득 떠올랐습니다. 그 때 택스코디는 하고 싶은 일을 하면서 돈을 벌고 시간과 장소에 얽매여 살아가지 않는 인생을 살고 있었습니다.

그런 택스코디를 한번 다시 만나보고 싶었고 그로 인해 정효평 작가님과도 인연이 되었습니다. 두 작가님의 도움 덕분에 저의 수감생활과 중졸 학력이 스펙이 되는 신기한 경험을 했고 가게 운영하면서 경험으로 터득한 '배민으로 5억 벌기'를 불과 1달 만에 책으로 써서 출판사와 계약까지 하게 됐습니다. 그렇게 저는 부캐를 만들었고 '배달 앱 활용법'으로 강의도 하면서 하고 싶은 일을 해서 돈을 벌고 있습니다.

다시 만난 그는 어떤 것이든 꾸준하게 하면 그 꾸준함이 쌓여 언젠간 폭발하여 엄청난 성과를 가져온다는 것을 알게 해준 제게 감사하는 마음을 전했습니다. 처음 시도해 보는 일이더라도 매일 꾸준하게 하기만 하면 된다는 사실을 그는 이제 잘 알고 있습니다. 그는 자칫 부끄러울 수 있던 자신의 과거를 다시 글로 옮기고 있습니다. 그의 또 다른 부캐가 어떤 모습으로 세상밖으로 나올지 기다려집니다.

√3개의 부캐를 가진
50대 중반의 전업주부

사람의 인생이 바뀌는 것은 한순간의 용기와 결단에 의해서이고, 단 한 번의 선택으로도 새로운 삶을 향한 문을 여는 계기가 되는 것입니다. 물론 그 같은 결정적 찰나의 선택은 '간절함'이 수반되어야 가능한 것입니다 그녀의 얘기를 한번 들어 볼까요.

'읽고 쓰는 설레는 삶'에 대한 막연한 동경만 갖고 있던 내게 어느 날 선물처럼 실제로 그렇게 살고 있는 분이 나타났다. 독서 모임에서 '책 쓰기 코칭' 프로그램을 만들어 몇 명을 모집하는데 한자리가 남았다는 글을 보자마자 떨리는 마음으로 바로 접수했다. 청소년 때부터 혼자 몰래 간직해온 작가의 꿈을 이루어주는 책 쓰는 법을 알려준다니 도움이 될 것 같아서였다.

133

어린 시절부터 책을 좋아하던 나는 '작가'가 되고 싶다는 꿈을 꾸었지만 아름다운 시와 글들을 읽으며 주눅 들고 회의감이 들었었다. 결코 이룰 수 없었던 꿈, 꿈꿔왔던 길을 향한 '클릭'이 떨림과 간절함으로 이어졌다. 그동안 주변에서 자녀교육에 관한 책을 써보라는 권유를 수차례 받기도 했었지만 '글을 쓴다는 것'에 대한 두려움은 나를 더욱 움츠러들게 할 뿐이었다.

북스빌더를 소개받고 오프라인 모임이 있던 날. 그날은 따스한 바람이 부는 봄날이었다. "어떤 분들일까?", "글 쓰는 법을 어떤 식으로 알려주실까?", "어떤 분들과 함께 배우게 될까?" 설레어서 잠도 설친 나는 만남의 장소 출입문을 열고 들어가면서 느낀 환하고 밝은 이미지가 아직도 기억에 생생하다.

책을 쓴다는 것에 대한 부담감을 떨쳐내고 자신만이 가지고 있는 분야를 2시간 정도 누군가에게 대본 없이 말할 수 있다면 책 한 권이 나온다는 말로 용기를 주셨다. 자기 자신만의 분야, 잘 하는 분야가 무엇인지 아는 것이 중요하다고 알려주셨다. 한 사람씩 돌아가며 자신의 이야기를 하고 쓰고 싶은 분야에 관한 이야기도 나누었다. 또한 '줄탁동시(啐啄同時)'를 말씀하셨다. 달

같이 부화하려 할 때 알 속에서 나는 소리를 어미 닭이 듣고 바로 껍질을 쪼아 깨뜨리는 것을 말한다. 함께 쪼아서 알을 깨뜨리고 부화하는 작업이 될 것임을 말씀하셨다. 첫 책을 출간한다는 것은 운전면허증을 따는 것과도 같다고 말씀하셨다. "읽고 쓰는 삶"을 살며 행복하다는 북스빌더는 "결코 이전의 삶으로는 절대 돌아가고 싶지 않다고 말씀하셨다. 작가의 시선은 삐딱하게 세상을 바라보는 것"이라는 말씀도 신선하게 다가왔다. "오늘부터 매일 한 가지 주제를 제시하면 밤 12시 이전까지 코칭 싸이트에 글을 올려 달라"는 미션이 주어졌고 함께 식사를 하고 헤어졌다. 신선하고 힘이 되는 만남이라고 생각했지만 그 만남이 진정 어떤 만남인지는 정작 깨닫지 못하고 있었다.

'매일 글을 쓴다'는 것이 어떤 것일지 경험해보지 못했었다. 첫 만남, 그날부터 매일 미션이 주어졌고 어린 시절의 추억이나 가족, 삶의 방식과 사고 등등 여러 가지 주제에 대한 글을 쓰면서 나도 모르게 힐링이 되는 것을 느꼈다. 내 삶을 머릿속에서 꺼내서 글로 옮기는 작업이 내 삶을 점검하고 돌아보게 되었다고나 할까.

십 여일이 지나자 글을 쓴다는 것이 매일매일 밥 먹는 것처럼 쉬워졌고 특별한 꾸밈이나 현란한 문체 없이 자연스레 흘러나옴을 깨닫게 되었다. 그가 주는 미션이 기다려지고, 공감해주고 용기를 주는 북스빌더 덕에 남에게 보이기 부끄럽다고 여기던 글들이 술술 나오는 신비한 체험을 하게 되었다.

글 쓰는 것에 대한 부담감이 사라질 즈음, 네이버카페를 개설해서 자녀교육에 대한 내 나름의 꼭지를 정하고 글을 써나가라는 말대로 틈틈이 써나갔다. 그는 늘 뒤에서 든든히 응원해 주는 댓글부대(?)였다. 글을 다듬어 주는 것이 아니라 스스로 글을 쓸 수 있게끔 지지하고 격려해주는 북스빌더. 글은 봇물 터지듯 써졌고 출간기획서와 작가소개를 쓰고 대표 꼭지들을 정해서 메일로 보냈다. 며칠 후 그를 만나는 식사자리에서 출판사와 계약이 되었음을 전해 들었다. '꿈인지 생시인지 먹먹한 기분!' 작가가 되고 싶다는 꿈을 품은 지 50여 년 만에 그 꿈을 이룰 수 있었다.

작가의 꿈을 이루었다는 것은 내 인생에 여러 가지 의미가 있다. 첫 번째는 책(아이들은 자존감이 먼저다)을 출간한 작가가 되었다는 것이고, 두 번째는 내 인생을 누군가에게 드러낼 수 있는 용기가 생겼다는 것이다. 세상 사람들 입에 오르내리게 될까 두려워서 인스타나 카카오스토리조차 하지 못하던 내게 그는 큰 용기를 주었다.

세 번째는 '읽고 쓰는 삶', '유니크 워커로 살아가는 삶'을 사는 그를 알게 되었다는 것이다. 요즘 보기 힘든 진심이 묻어나는 사람이었다. 또한 하고 싶은 일을 하며 신나게 삶을 사는 사람이었다. 나 또한 그 덕분에 용기를 얻어 책을 쓰고, 부모교육을 하고, 머슬마니아에도 도전하고 시니어모델도 도전했다. 무려 3개의 부캐가 생긴 것이다. 전업주부로만 살아왔던 내게 2020년 한해는 큰 변화의 해였다. 앞으로도 내가 할 수 있는 분야, 내가 잘하고 좋아하는 분야를 찾기 위한 노력은 내 삶이 지속되는 한 계속될 것이다.'

이미 3개의 부캐를 가진 그녀는 또 다른 부캐를 만들고 있습니다. 북스빌더는 그저 넛지 역할만 했을 뿐입니다. 앞으로 또 어떤 부캐에 도전할 지 궁금합니다. 그녀의 건투를 빕니다.

√수학과외 외길 인생, 학원 선생님

그를 처음 본 날이 아직도 생생히 기억납니다. 수학이라면 진 저리가 난다며 치를 떨던 그가 수학책을 쓴 저자가 되었습니다. 그의 얘기를 한번 들어 볼까요.

'경기도 일산에서 10년째 수학과외 교습소를 운영하고 있었는데, 고3, 재수생까지 가르치던 저의 생활은 입시생과 별다를 바가 없었습니다.

어느날 이지성 작가의 〈에이트〉, 정회일 작가의 〈독서천재가 된 홍대리〉와 〈읽어야 산다〉를 통해 큰 충격을 받았습니다.

책을 읽고, 메모하고, 사색하고, 실행하는 '실천 독서'만이 다가올 AI 시대의 유일한 생존법이라는 것에 전적으로 동의하게 되

138

었습니다.

2020년 3월 책 쓰기 온라인 코칭 공지를 발견했습니다. 저의 버킷리스트에 '죽기 전에 책 한 권 쓰기'가 있었기에 관심 있게 살펴보았습니다.

그런데 일반적인 책 쓰기가 아니라 사업에 도움을 주는 '비즈니스 책 쓰기'였습니다. 즉, 비즈니스의 강력한 무기로서 책을 출판한다는 것이었습니다. 그렇게 북스빌더와의 첫 만남이 이뤄졌습니다. 북스빌더는 1년 6개월간 무려 20권 이상의 책을 출간했고, 세무 분야의 유명 강사인 택스코디라는 부캐도 가지고 있었습니다.

북스빌더는 '나를 쓰면 된다. 내가 겪은 일을 쓰면 된다. 알기 쉽게 단순하게 쓰면 된다. 책 쓰는 거 별거 아니다. 운전면허 따는 것과 같다.'라고 자신 있게 말했지만, 사실 부담이 많이 되었습니다.

초등학교 시절, 일기나 독후감 숙제를 통해 억지로 글쓰기 몇 번 해본 게 다였으니까요.

A4 용지로 70페이지만(?) 쓰면 책이 된다고 했는데, 한 페이지 채우기도 막막하기만 했습니다. (이랬던 제가 140페이지가 넘는

원고를 썼고, 출간 계약까지 했습니다.)

첫 미팅 이후 매일 글쓰기 미션이 주어졌습니다. 북스빌더가 그날의 글쓰기 주제를 알려주면 뭐든 자기식으로 써내야 하는 것이었습니다. 주제는 주로 개개인의 경험이나 성향을 파악하는 데 초점이 맞춰져 있었던 것 같습니다.

매일 올리는 글쓰기 미션을 통해 북스빌더는 저의 히스토리, 스타일, 필력, 장점 등을 파악하여 책의 콘셉트를 찾아주려고 했습니다.

매일 글쓰기 미션은 저한테는 상당한 고역이었습니다. 생전 일기 한 줄 안 쓰던 사람이 그간 살아온 인생에 대해 특정 주제에 맞춰 글을 써낸 다는 게 쉽지 않았습니다.

하지만 글을 쓴 후의 뿌듯함, 쾌감은 이루 말할 수 없었습니다. 또한 같은 주제에 대해 쓴 다른 동기생들의 글을 읽고 서로 피드백을 주고받으며 한 주제에 대해 다양한 시각을 갖게 되었습니다.

북스빌더는 뭐라도 좋으니 매일 글쓰기 미션 외에 자신의 글을 한없이 쏟아낼 것을 주문했습니다. 저의 경우 '재테크'에 관한 책을 쓰려고 했지만 실상 제가 재테크에 대해 아는 게 별로 없다

보니 자연히 쓸 것도 별로 없었습니다. 즉, 인풋이 있어야 아웃 풋이 되는 것인데, 쏟아내고 싶어도 머릿속에 들어있는 게 없으니 진도를 뺄 수가 없었습니다.

'아, 나 같은 사람이 두 달 안에 책을 쓴다는 건 역시 말도 안 되는 것이야.'라는 생각이 커져가며 부담감과 스스로에 대한 실망으로 거의 2주간은 죽을 것 같았습니다.

이대로는 안 되겠다 싶어 북스빌더에게 S.O.S 신호를 보냈고, 부산에서 끝장 토론(?)을 벌이게 되었습니다.

"수다를 떨다 보면 책이 한 권 나올 겁니다."라는 북스빌더의 말을 듣고 무작정 부산으로 달려갔습니다.

지난 2주간 머리를 쥐어 짜내도 뭘 써야 할지 그 어떤 아이디어나 방향도 떠오르지 않았기에

그에게 의지할 수밖에 없었습니다. 전망 좋은 카페에서 수다 떨기를 시작했습니다. (그야말로 그냥 수다 떨기.)

저에 대해 이런저런 것들을 물어보았고 이런저런 얘기들을 털어놓았습니다. 장장 7시간의 수다 끝에 떡하니 책이 한권 나오지 뭡니까!

대화를 나누다 우연히 제가 학생들의 수학을 가르칠 때 써왔

던 저만의 설명 방식이나 노하우를 몇 가지 얘기했을 뿐인데, 북스빌더는 '바로 이거네요. 지금 말했던 내용을 책으로 쓰면 대박이겠네요. 너무 재밌어요.'라고 하는 겁니다. 사실 전 이때까지 수학수업을 책으로 쓸 생각은 전혀 못했거든요.

내 경험, 내 안에 있는 것들이라 쏟아내기만 하면 되는 것이었습니다. 책의 콘셉트가 정해진 것입니다.

내 경험, 내 지식을 쏟아내기만 하면 되는 것이었지만...막상 글쓰기에 접어드니 생각처럼 쉽지는 않았습니다.

수학책은 대부분 식과 풀이로 채워질 수밖에 없는데, 거기에 저만의 설명을 끼워 넣기 해야 했으니 말입니다. 게다가 평생 글쓰기를 피해왔던 저 아닙니까?

수업을 하라면 백번이고 천 번이고 하겠는데 그 수업을 글로 옮기려니까 소단원 하나 적고 나니 머리에 쥐가 나더라고요.

그냥 말을 글로 옮기기만 하면 되는 작업인데 필력이 딸리다 보니 진도가 안 나가는 거예요.

질질 끌지 말고 단기간에 끝내자는 각오로 매일 6시간씩 원고를 썼습니다. 저녁 7시에 퇴근한 후, 한두 시간 낮잠?을 자고, 밤 9시쯤 일어나 새벽 3시까지 열흘 정도 쓰니 원고 작업이 어느 정도 마무리되더라고요.

142

2주간 뭘 써야 할지 고민만 했었는데, 결정을 하고 책 한권 분량을 쓰는 데는 열흘밖에 걸리지 않았습니다. 내 지식, 내 경험이라 쏟아내기만 하면 되니까요.

그리고 북스빌더는 출판사에 투고를 했고 계약이 되었습니다. 믿기지 않았습니다. 아직도 어리둥절합니다. 열심히 쏟아내긴 했지만, 원고를 쓰면서도 '설마 내가 쓴 이 글들이 정말 책으로 출간될까?'란 의문을 지울 수 없더라고요. 그런데 정말 계약하자고 출판사로부터 연락이 왔더란 말이죠. 그것도 본격적으로 글을 쓴지 단 2주 만에. 이거야말로 기적 아닌가요?

이렇게 저는 작가이자 저자가 되는 꿈을 단기간에 이뤘습니다.

다시 만난 그에게 잡빌더는 그의 부캐 닉네임을 정해줬습니다. '퍼니 매써'가 부캐의 닉네임입니다. 부캐의 캐치 프레이즈는 '수포자여 내게 와라. 내가 수학을 재미있게 만들어 줄 것이다.' 입니다. 그의 건투를 빕니다.

√20년 교직 생활,
난 부캐로 꿈을 이뤄간다

오랜만에 그녀를 다시 만났습니다. 부캐를 만들어 여전히 꿈을 이루어가고 있는 선생님의 얘기를 한번 들어 볼까요.

'어렸을 때부터 선생님처럼 누군가를 가르치는 것이 좋았다. 6살인지 7살인지 정확히 기억은 안 나지만 농사일로 바빴던 어머니는 나를 옆에 앉혀서 한글을 가르쳐 주실 시간이 없으셨다. 대신 칸 공책에 몇 글자를 써 주시며 어떻게 읽는지 1~2번 가르쳐 주셨다. 그걸 따라 쓰고 읽으면서 어느 순간 한글을 깨치게 되었다.

글을 읽고 쓸 수 있다는 것이 너무 신이 났던 나는 동네에 단

144

한 명 있던 친구를 옆에 앉혀 놓고 한글을 가르쳐 주었다. 그때까지 글을 읽지 못했던 그 친구는 그렇게 나에게 한글을 배웠다. 누군가에게 무언가를 가르쳐 준다는 것이 신나는 일이란 것을 그때 처음 알게 된 것 같다

.

중학교 때는 집에 가는 버스를 기다려야 했기 때문에 교실에 남아서 시험공부를 하기도 했다. 친구랑 단둘이 남은 교실에서는 칠판도 마음대로 사용할 수 있었다. 칠판에 공부한 것을 쓰면서 선생님처럼 가르치는 흉내를 내며 공부를 했다. 그러면 즐겁게 시험공부를 할 수 있었다. 선생님이 된 것처럼 친구와 서로 역할을 바꿔가면서 공부하니 이해도 잘 되었다.

고등학교 때는 쉬는 시간이나 야간자율 학습 시간에 수학 문제를 물어보는 친구들이 많았다. 그러면 친구가 최대한 이해하기 쉽게 설명해 주었다. 선생님께서 설명하시는 것보다 내 설명이 더 쉽다며 친구가 좋아했다. 나도 내 시간을 뺏긴다는 생각은 한 번도 해 보지 않았고, 친구들이 물어본 것을 설명해 줄 수 있는 것이 너무나 좋았다. 오히려 친구들이 물어보지 않으면 서운할 정도였다.

사실 중학생 때까지는 누가 장래희망을 물어보면 망설임 없

이 선생님이라고 대답을 했었지만, 고등학생이 되고 나서는 그렇지 않았다. 고등학생이 되자 진로를 결정해야 되고, 막상 선생님이 되려고 하니 자신이 없었던 것이다. 성적 때문이 아니라 많은 아이들 앞에서 당당하게 말할 자신이 없었다. 원만한 성격에 친구들하고도 잘 어울렸지만, 많은 사람들 앞에 서서 말하는 게 가장 어려웠기 때문이다. 그런 나를 선생님들은 어떤 점을 보시고 말씀하시는지는 모르겠지만, 많은 선생님들이 "혜림이는 딱 선생님 하면 잘 할거야"라고 말씀해 주셨다. 그런 선생님들의 말의 힘인지 교대로 진로를 결정하고 지금은 선생님으로 아이들을 가르치고 있다. 어릴 적부터 꿈꿔왔던 선생님이 된 것이다.

아이들에게는 "선생님은 꿈을 이루었단다."라고 말은 하지만, 사실 나의 꿈은 여전히 이루어가고 있는 중이다.

먹는 것 이외의 것에 돈을 쓰는 것을 무척이나 싫어하셨던 아버지 때문에 우리 집에는 책이 없었다. 책이라곤 어머니가 5일장에 가셨다가 사 오신 백설공주, 신데렐라, 엄지공주, 소공녀 등의 동화가 모여 있는 단편집 한 권이 다였다. 그 책을 읽고 또 읽어서 지금도 그 책의 그림들이 떠오를 정도이다. 책에 굶주려 있어서 그런지 지금도 책 읽는 것뿐만 아니라 책 사는 것을 좋아한다.

내가 가르치는 아이들이 책과 가까이하면서 더 풍성한 경험을 할 수 있었으면 하는 바램에 신규 때부터 지금까지 20년 정도 꾸준히 독서교육을 열심히 해 오고 있다.

책을 좋아하고, 아이들에게 독서교육을 하다 보니까 책을 쓰는 작가가 되고 싶다는 꿈을 가지게 되었다. 꿈이 간절해서 그런지 독서교육연구회에서 『선생님, 마음의 온도』를 공저하게 되었다. 그리고 곧 내 이름 세 글자가 새겨진 책 『그림책이 부리는 마법』이 출간될 예정이다. 여기서 만족하지 않고 앞으로도 계속해서 책을 쓸 예정이다. 아이들과 지내면서 생긴 에피소드를 담은 책, 글쓰기 및 토론 등 교육이야기를 담은 책, 선생님이자 엄마로서 아이를 키우는 이야기를 담은 책 등 다양한 주제로 책을 쓰고 싶다.

'나는 여전히 꿈을 이루어가고 있는 선생님이다.'

다시 만난 그녀는 정말로 환하게 웃고 있었습니다. 좋아하는 일을 한다는 것은 사람을 웃게 만드는 힘을 가지고 있습니다. 부캐로 꿈을 이뤄가고 있는 그녀를 응원합니다.

√빈민가를 여행하는 작가

그를 만난 건 3년 전입니다. 손에 비행기 티켓을 들고 있던 모습이 지금도 생생히 기억납니다. 태국행 티켓이었는데, 왕복이 아닌 편도행 티켓이었습니다. 언제 귀국하냐고 물어보니 정하지 않았다고 합니다. 왜 가냐고 물었더니 도서관을 지으러 간다며 다 지으면 돌아온다고 합니다. 그 당시 그의 부캐는 발칙한 여행가였습니다. 그는 많은 부캐를 가지고 있습니다. 그는 자기소개를 이렇게 말합니다.

초등학교 2학년 때 길거리를 지나가다가 엄마 손에 이끌려 눈높이 테스트를 받은 적이 있다. 주어진 수학 30문제를 15분 동안 풀어야만 했다. 나는 문제지를 받자마자 빛의 속도로 문제를 풀기 시작했고 시작한 지 3분 만에 난 모든 문제를 다 푼 뒤 선생님께 학습지를 돌려드렸다. 그런데 학습지를 돌려받은 선생님은 계산 과정 없이 답만 적혀 있는 학습지를 보시고 나에게 제대로 다시 풀어 라며 새로운 학습지를 주셨다. 선생님은 내가 하기 싫어서 아무 숫자나 적었다고 생각을 했던 것이다. 난 일단 선생님께 채점부터 해달라고 했다. 채점 결과 내가 틀린 문제는 2문제 정도였던 것 같다. 선생님은 믿을 수 없다는 눈빛을 보내며 다시 한번 풀어 보라고 하셨다. 이번에도 난 3분 만에 모든 문제를 다 풀었고 여전히 계산 과정은 하나도 없었다. 채점 결과 이번에도 아쉽게 2문제 정도 오답이 나왔다. 열심히 계산과정을 적으며 푼 친구들보다 더 좋은 점수를 받았던 나에게 선생님은 예상 밖의 이야기를 해주셨다.

"어머니, 병조가 덤벙거리지 않고 집중해서 문제를 풀었다면 다 맞힐 수 있었을 텐데 정말 아쉽네요. 저랑 눈높이를 하게 된다면 집중력이 높아져서…"라는 이야기와 함께 난 눈높이를 강압적으로 하게 되었다.

난 이때 이런 생각이 들었다. '내가 몰라서 틀린 것도 아니고 실수로 틀린 건데, 틀리지 않기 위해서 하는 공부가 무슨 의미가 있을까?' 공부란 나의 호기심을 충족시키기 위해서 필요한 거 아닌가? 그런데 왜 우리는 시험을 치기 위한 공부만 하고 있을까? 시험이 끝나고 나면 내가 뭘 공부했는지, 왜 이걸 공부해야만 했는지 등 아무런 생각 의미도 찾지 못하는데 말이다.

난 어린 시절부터 호기심이 많았을 뿐만 아니라 세상에 대한 불만이 많았던 것 같다. 이로 인해 이미 답이 정해진 문제를 만나면 짜증이 났다. 초등학생 때부터 대한민국 교육이 잘 못되었다고 생각은 했지만 어떻게 해결할 수 있을지 도저히 알 수가 없었다. 그렇게 시간이 흘러 대학생이 되었고 성공하고 싶다는 생각과 함께 나답게 살고 싶다는 생각이 들었다.

대학교 4학년 때 친구들은 취업을 위해 스펙을 쌓기 시작할 때 나는 3년 동안 1,000권 읽기 도전을 했다. 그 결과 3년 동안 948권의 책을 읽을 수 있었다. 책을 읽으면서 난 동시에 블로그에 책리뷰를 쓰기 시작했다. 그렇게 3년 동안 읽고 쓰기를 하다 보니 자연스럽게 필력이 생기게 되었고 그 필력을 통해 평소 내가 생각하던 교육관에 대한 글을 쓸 수 있게 되었다.

그 결과 〈대학 가게? 그냥 사장 해!〉, 〈10대, 교과서 대신 1,000권의 책을 읽어라〉, 〈공부 열심히 한다고 안심하지 마세요〉, 〈호기심 공부법〉 등 교육과 관련된 책 4권을 집필할 수 있게 되었다.

뿐만 아니라 난 생각이 확고한 편이다. 생각이 확고할 수 있었던 이유는 어렸을 때부터 스스로 생각하기 위해 노력했고 알려주는 대로 받아들이기 보다는 나만의 방식으로 풀어내려고 노력했던 결과라고 생각한다. 그 결과 나만의 색깔이 확고해졌고 그 색깔을 나만의 논리로 재밌게 전달하는 능력을 가지고 있었기에 자연스럽게 강연까지 할 수 있게 되었다. 내가 하고 있는 강연은 독서습관, 글쓰기 수업, 생각수업, 동기부여 등을 하고 있으며 현재 학교 및 독서모임, 교회, 도서관, 구청, 일반 단체 등 다양한 곳에서 강연활동을 하고 있다.

또한 옷을 좋아하는 여자 친구와 함께 스마트 스토어 및 브랜디를 활용해 여성의류를 전문적으로 판매하는 〈아봄〉을 운영하고 있다.

저도 강의를 자주 하는 편이라 강의는 조금 자신 있는 편인데, 학생들을 대상으로 하는 강의는 강사 입장에서는 정말 난감합니다. 특히 초등학생이나 중학생이라면 정말 힘들죠,

그런데 안 병조 작가는 정말 강의를 잘합니다. 학생들에게 기립 박수를 받는 부캐를 소유하고 있습니다. (정말 탐이 나는 부

캐입니다.)

최근 여자 친구와 함께 쇼핑몰을 운영하는 부캐를 또 만들었
네요. 다음번에는 어떤 부캐를 만들지 기대됩니다.

√발칙한 사업을 제안하는 프리코디

그는 지금 경기가 어찌 됐건, 당신의 경제상황이 어찌 됐건, 어떤 직업을 가졌건, 월 수입이 얼마건 간에 사람들은 창업을 해야한다고 주장합니다. 부캐의 닉네임은 프리코디입니다. 그의 주장을 한번 들어 볼까요.

'제가 창업을 주장하는 이유는 지금 이대로는 안정된 미래를보장받을 수 없기 때문입니다.

그리고 만약 창업할 생각이라면 창업자금을 얼마를 준비하고있든 간에 제가 제안하는 방식대로 창업하는 게 가장 안전하고성공하기 쉽습니다.

말도 안 되는 것 같지만 이건 변하지 않는 진실에 가깝습니다.

이전에도 그랬고 앞으로도 그럴 테니까요. 그 이유를 한 번 살펴볼까요?

먼저 지금 경기에 대해 얘길 해 볼까요?

대다수 자영업자들이 창업시장에 뛰어든 이후 체감경기가 좋았던 적은 단 한 번도 없었습니다. 왜냐하면 소수의 자영업자들이 수익의 열매를 독식했기 때문입니다. 언제나 그랬습니다. 당신이 만약 제가 제안하는 방식 이외의 방식으로 창업 하게 된다면 반드시 불경기를 체감하고 지금 시장에 참여하고 있는 대부분의 창업자들처럼 절망하고 고통받을 것입니다. 그건 제가 장담할 수 있습니다.

다음은 당신의 경제상황입니다.

만약 당신의 자산이 평생 마음껏 쓰며 살아도 전혀 문제가 없을 정도로 많다면 이 글을 읽고 있지는 않을 거라고 봅니다.

전 당신이 얼마의 자산을 보유하고 있던 간에 앞으로 닥칠 미래에 대한 불안과 걱정으로 매일매일을 보내고 있을 것이라 장담할 수 있습니다.

몇 년 전에 대출을 받아 어렵게 구입한 아파트값이 몇 배나 치솟아 올랐다 하더라도 말이죠.

그래서 당신은 돈을 더 벌거나 안정적인 수입을 위한 고민을 하고있을 겁니다. 그 가장 쉽고 안전하고 빠른 방법이 제가 제안하는 방식입니다.

당신이 어떤 직업을 가졌건 얼마를 벌건 창업을 해야 합니다.

만약 당신 아니면 누구도 대신할 수 없는 일을 많은 돈을 받고 하고 있다면 그 길을 열심히 가시면 됩니다. 그게 제가 제안하는 길이니까요.

하지만 당신이 얼마만큼의 수입을 벌고 있든 간에 당신 아니라도 누구든 할 수 있는 일을 하고 있다면 빠른 시일 안에 대안을 준비해야 하고 이미 그 고민을 하고있을 테죠? 그렇다면 이제 선택하셔야 합니다. 어떤 창업을 할 것인지 말이죠.

제가 제안하는 창업의 가장 큰 강점은 경쟁하지 않는다는 것이고 그래야 합니다. 돈 없고 평범한 대다수는 경쟁에서 이기기 어렵기 때문입니다.

그러기 위해서는 가장 먼저 유념해야 할 첫 번째 조건이 돈으로 창업해서는 안 된다는 것입니다. 당신이 얼마만큼의 창업자금을 준비했든 간에 그 돈을 창업자금으로 쓸 생각은 애초에 하지 말아야 합니다. 풍부한 자금이 경쟁력이라고 생각한다면 반드시 더 많은 자본을 가진 경쟁자에게 밀릴 수밖에 없습니다. 그래서 돈으로 해결할 수 있는 어떤 방법도 당신의 창업 성공을 담보할 수 없습니다.

경쟁하지 않는 창업의 두 번째 조건은 하나만 파는 것입니다. 당신이 무엇을 팔든 하나만 팔면 반드시 누구와도 경쟁하지 않는 독점사업을 할 수 있습니다. 유형의 상품이든 무형의 가치든 상관없습니다. 어떤 콘텐츠든 하나만 제대로 할 생각을 하고 시작하면 됩니다. 그 누구든 따라 하려야 따라 할 수 없고, 아무리 잘 따라 하더라도당신이 구축한 장벽을 넘을 수 없습니다. 아무리 잘 되더라도 그만의 사업영역을 확보할 뿐 당신의 영역을 훼손할 수 없습니다.

그리고 마지막으로 경쟁하지 않는 창업의 세 번째 조건은 이기적으로 사업해야 한다는 것입니다. 오직 당신을 위한 사업이어야 합니다. 세상에 널린 고객을 위한 개소리 따위는 거들떠보지도 마세요. 그렇게 떠들고 시작한 사람들은 모두 진상고객과 진상직원에게 시달리는 중입니다. 코로나 시대에 매출 급락까지 겹쳐서 3중고를 겪고 있습니다.

이 모든 것은 자신을 위해서가 아니라 남을 위한다는 터무니

없는 방식으로 창업했기 때문입니다.

기존의 창업자들이 가장 힘들어하는 세 가지는 부진한 매출과
진상 고객과 진상 직원입니다.

그 세 가지로부터 벗어날 수 있는 창업 방식은 돈 없이, 오직
하나만 제대로, 혼자 시작하는 것입니다.'

그는 당신이 어떤 상황과 성향의 사람인지는 전혀 중요하지
않다고 말합니다. 그저 하기만 하면 된다고 합니다. 언제나 안
되는 이유부터 찾는 사람들처럼 망설이고 고민할 시간이면 이루
고도 남는다고 외칩니다.

그의 부캐 프리코디는 이미 자리를 잡았습니다. 택스코디와
콜라보 강의도 함께 합니다. (부캐끼리 협업하는 부분은 마지막
장에서 다시 다룹니다.)

02

유니크 워커의 시대

√부캐를 기획하라

밀레니얼 세대는 멀티플레이에 능하며 기존 세대와 다르게 자신을 한 회사의 경력과 동일시하지 않습니다. 그들은 회사를 위해 일하는 것이 아니라 자발적으로 프로젝트를 만듭니다.

멀티커리어리즘은 하나의 직업에 얽매이지 않고 다양한 사회 활동으로 자아를 실현하고자 하는 현상을 의미합니다. 밀레니얼 세대는 원격근무, 정보 다이어트, 수입 자동화, 미니 은퇴, 최소한으로 일하며 원하는 대로 사는 법을 찾고 있습니다. 향후 인공지능, 로봇, 사물인터넷, 빅데이터, 드론 등의 확산으로 많은 직업군이 사라질 것입니다.

1인 다직종(多職種) 시대의 출현으로 일의 종류에 따라 돌아다니거나 매일매일 다른 직장에 출근하고 일정한 소속이 없이 자유롭게 일하는 인디펜던트 워커로 성장하는 것입니다. 멀티커리어리즘 시대에는 인디펜던트 워커로서 다양한 커리어를 쌓을 수밖에 없습니다. 이런 현상으로 부캐 열풍은 잠깐 반짝하고 그치지는 않을 것입니다.

부캐의 증가 원인은 다양합니다. 가장 큰 이유는 수입원을 다변화하려는 목적이지만 이 외에도 하나의 직업, 한 곳의 직장으로 충족되지 않는 다양한 자기 발현의 욕구를 해소하기 위해서, 또는 조금 더 안전하게 직업 전환의 가능성을 실험해보기 위해서 이를 시도하는 사람이 점점 늘어나고 있습니다.

지금 당신의 주변에 있는 모든 제품, 당신이 이용하는 모든 서비스에는 원천 자원에 '기획력'이 결합되어 있습니다. 여기에서 원천자원은 업종마다 달라집니다. 하지만 결코 변하지 않는 상수로 함께 붙어 있는 것이 바로 기획력입니다.

기획은 사람의 마음을 끄는 매력적인 장치입니다. 회사에 있을 때에 마침 기획 분야에서 일했다면 기획에 어느 정도 능하겠지만, 만약 그렇지 않았다면 기획력 키우기에 가장 많은 중점을 두어야 합니다.

잔뜩 긴장된 마음과 강박적인 심리 상태에서는 온전한 지속가능성을 가질 수 없습니다. 감정에 치이면 일이 방해받습니다. 언제나 처음 가는 길을 갈 때에는 가벼운 마음으로 가는 것이 좋습니다. 주변까지 둘러보는 가벼운 마음으로 탐험을 떠날 때, 보다 더 많은 것들을 발견할 수 있을 테니 말이죠.

부캐를 통해서 수익을 얻기 위해서는 부캐를 기획해야 합니다. 보통 전문성을 길러야 한다고 생각하지만, 전문성보다 중요한 것이 탁월성입니다. 압도적이 아니라 독보적인 존재가 되어야 한다는 것입니다.

보통 전문성을 얻는 데 필요한 조건은 두 가지입니다. 하나는 '긴 시간'을 투자해야 한다는 것이고, 다른 하나는 그 긴 시간이 '시스템이 인정하는 내부에서의 시간'이어야 한다는 것입니다. 평생직장 개념이 사라지는 시대에 전문성은 달성하기 힘든 가치입니다.

그보다는 실상 현실에서 빛을 발하는 가치는 훈장 같은 전문성이 아니라 실제 변화를 만들어내는 탁월성입니다. 전문성이 정적인 것, 자격증이나 회사의 타이틀, 직책의 이름을 획득하기 위해 한참 머물러야 얻어지는 것이라면, 탁월성은 끊임없이 이것과 저것을 조합하고, 그 모든 경험을 관통하면서 만들어내는 자신만의 역량이자 고유한 스토리입니다.

√부캐를 확장하라

시작 단계에서 부캐가 전달하고자 하는 콘텐츠 범위는 좁게 시작해야 합니다. 블로그를 처음 시작하는 사람들의 오류에서 배울 수 있습니다. 블로그를 막 시작하는 사람들이 대표적으로 시작하는 콘텐츠는 맛집 탐방, 예쁜 카페 혹은 여행, 책리뷰 등을 꼽을 수 있습니다.

만약 제가 관련 콘텐츠로 블로그를 시작한다면 막연한 맛집 탐방이 아니라 이집 떡볶이는 정말 끝내줘, 책리뷰를 한다면 20대가 읽어야 할 자기계발서 리뷰의 콘텐츠로 블로그를 시작할 것입니다. 제가 무슨 말을 하고 싶은 건지 감이 오나요?

최근 방송가의 트로트 열풍이 계속 이어지면서, 지금까지 트로트에 별 관심이 없었던 젊은 층들도 트로트에 빠져들고 있습니다. 방송가에서는 K팝을 밀어내고 잇따라 새로운 트로트 콘텐츠 제작에 나서고 있습니다.

TV조선에서 트로트 오디션 프로그램 '미스터트롯'을 히트시킨 뒤 다른 종편은 물론 지상파에서도 잇따라 트로트 프로그램을 내놓았습니다. 방송사마다 트로트 예능 한 개쯤을 가동하고 있을 정도입니다. 하나의 콘텐츠가 히트를 치게 되면 콘텐츠를 확장해야 합니다.

부캐도 마찬가지로 콘텐츠가 어느 정도 수익이 나온다면 이제는 확장할 단계입니다. 이제는 시작 단계와는 반대로 콘텐츠를 넓혀 갈 단계입니다.

택스코디 역시 시작 단계에서는 개인사업자의 부가가치세 신고만을 다루었습니다. 그리고 종합소득세 신고를 추가하고, 최근에는 부동산 세금으로 콘텐츠를 확장해 가고 있습니다.

제가 강조하고 싶은 말은 시작 단계부터 택스코디는 세금전문가가 아니었다는 것입니다. 세금이라는 큰 카테고리 중 부가가치세를 먼저 선택했고 점차 범위를 넓혀 나가 이제는 세금 인플루언서라고도 불립니다. (많은 사람이 반대로 시작을 합니다. 시작 단계에서는 카테고리를 세분화하는 것이 중요합니다.)

수많은 정보의 출입을 효율적으로 처리하기 위해서 인간은 대상 그 자체나 내용보다 그것의 범주를 먼저 떠올리고 세부 내용으로 접근하는 특성을 가지고 있는데 이를 '카테고리 중심사고'라고 합니다.

사람들은 정보처리를 쉽게 하기 위해 수많은 하위 속성의 상위 개념인 카테고리 중심으로 사고합니다. 가령 점심 메뉴를 고민할 때 한식, 중식, 양식, 일식을 먼저 정하고 구체적인 메뉴를 고민합니다. 이와 같이 사람들은 범주를 먼저 떠올리고 범주를 대표하는 것이 무엇일까를 고민하는 것입니다.

당신의 부캐가 카테고리의 대표성을 가지고 있다면 당신을 찾는 고객은 아주 많이 늘어날 것입니다. 그런데 이제 막 시작한 부캐가 대표성을 갖는다는 것은 매우 어려운 일입니다. 일단은 카테고리가 상위인지 하위인지를 떠나서 대표성을 갖는 것이 먼저입니다. 그렇다면 당신이 할 수 있는 일은 카테코리를 자르고 쪼개서 세분화시키는 것이 먼저입니다.

기존의 카테고리를 세분화해서 더 하위 개념으로 구체화시켜 대표성을 갖는 전략을 취하는 것입니다. 이를 '서브타이핑'(subtyping)이라고 합니다.

박카스는 자양강장제라는 카데고리를 세분화해서 피로라는 카테고리의 대표성을 가진 대표적인 상품입니다. 여기서 또 서브타이핑 전략을 취해 성공시킨 것이 '비타500'입니다. 활력, 젊은 에너지를 더해 카테고리를 세분화한 것입니다.

'택스코디'도 이런 서브타이핑 포지셔닝 전략을 취해 성공한 경우입니다. 세금이라는 큰 범주에서 개인사업자를 더해 카테고리를 세분화한 것입니다. 여기서 그치지 않고 직원 수가 5인 미만인 영세 자영업자를 또 더해서 셀프 세금신고라는 카테고리의 대표성을 가진 것입니다. 이것은 고스란히 책 제목에도 활용되었습니다. '2시간에 끝나는 부가가치세 셀프신고'의 책 제목은 서브타이핑 전략의 결과물입니다.

당신이 하고자 하는 부캐는 어떤 범주에 속하는가요? 당신은 어떤 범주에서 대표성을 가질 수 있을까요?
큰 범주를 대표하기 어렵다면 하위 개념으로 쪼개고 난 뒤 대표성을 고민해보면 답이 나올 것입니다. 부캐가 대표성을 가진다는 것은 매우 중요한 전략입니다.

√부캐를 콜라보하라

아이팟이 세상에 등장했을 때 전 세계인은 열광의 도가니에 빠졌습니다. 아이패드에 이어 아이폰의 연속적 대히트는 '잡스 신드롬'(Jobs Syndrome)이라고 불릴 만큼 가히 혁명적이었습니다. 아이팟, 아이패드, 아이폰 등 스티브 잡스가 이끌었던 애플의 세계적 히트 상품은 '메디치 효과'의 대표 상징물입니다.

'메디치 효과'(Medici Effect)는 서로 관련 없는 것이 융합해 뛰어난 작품을 만들거나 새로운 아이디어를 창출해 내는 것을 말합니다.

이는 15세기 이탈리아 피렌체의 메디치 가문의 후원 하에 예술가, 철학자, 과학자, 시인 등 다양한 분야의 전문가가 모여 서

167

로 교류하면서 전혀 다른 역량의 융합을 통해 창조와 혁신을 이끌어 낸 데서 유래했습니다. 중세시대의 폐쇄성을 뛰어넘는 메디치 가문의 막강한 힘과 전폭적 지원으로 다양한 사람과 서로 다른 문화가 만나고 마침내 화려한 르네상스 시대가 열리게 됐습니다.

'메디치 효과'를 대표하는 인물은 미켈란젤로입니다. 조각가이자 건축가, 화가, 시인이었던 그는 청년 시절 메디치 가문에서 철학자, 역사가, 과학자 등과 만나면서 위대한 명작을 후세에 남겼습니다.

동시대의 레오나르도 다빈치 역시 밀라노 스포르차(Sforza) 가문의 후원으로 르네상스 시대에 이탈리아를 대표하는 천재적 미술가, 과학자, 기술자, 사상가가 됐습니다. 15세기 르네상스 미술은 그에 의해 완벽에 이르렀다고 평가받습니다.

경영학에서 메디치 효과는 서로 관련 없을 것 같은 이종 간의 다양한 분야가 서로 교류하고 융합함으로써 독창적 아이디어를 창조하거나 새로운 시너지를 창출하는 것을 말합니다. '1+1'이 '3' 이상의 효과를 내는 '시너지 효과'(Synergy Effect)와 같은 의미라고 할 수 있습니다.

168

부캐와 또 다른 부캐와의 협업은 강한 시너지를 일으킵니다. 택스코디와 프리코디는 이를 노리고 콜라보 강의를 계획했습니다. 그렇게 탄생한 강의가 바로 '알고 시작하는 창업과 세무 강의' 입니다. 이 역시 택스코디와 프리코디만이 할 수 있는 유일한 강의가 되어버렸습니다. 어떤 세무사, 어떤 창업 컨설턴트도 할 수 없는 강의입니다. 이렇게 전혀 다른 부캐와의 협업은 새로운 결과물을 만들 수 있습니다.

택스코디와 프리코디는 강의만 콜라보로 하는 것이 아니라 책도 같이 쓰고 있습니다. 이미 세상밖으로 두 권(초보 창업 컨설팅북, 인디펜던트 워커는 기획된다)이 나와 있고, 앞으로 출간될 책이 3권이나 더 있습니다.

당신의 부캐가 조금 자리를 잡았으면 주위를 한 번 둘러보세요. 전혀 상상 못한 조합으로 예상 못한 결과물을 만들 수가 있기 때문입니다.

그렇다면 '메디치 효과'를 극대화하기 위해서는 어떻게 해야 할까요? 미국의 컨설턴트 프란스 요한슨(Frans Johansson)은 그의 저서『메디치 효과(The Medici Effect)』에서 조직 내에서 창의적 혁신을 일으키는 실행 방법을 다음과 같이 제시했습니다.

첫째, 서로 다른 분야 간의 장벽을 허물어야 한다. 전자 공학자가 법을 배운다거나 심리학 전공자가 범죄학을 공부하는 식으로 학습의 다원화와 업무능력의 다각화가 필요하다.

둘째, 낯설고 불편한 환경을 일부러 조성해야 한다. 익숙하지 않은 환경과 분위기에 속에서 뜻밖의 아이디어와 통찰력을 얻을 수 있기 때문이다.

셋째, 많은 아이디어를 내놓기 위해 노력해야 한다. 수많은 혁신가가 엄청나게 많은 아이디어를 생각하고 실현했다. 피카소는 무려 2만여 점의 작품을 남겼고, 아인슈타인은 240여 편의 논문을 썼으며, 에디슨은 1,039건의 특허를 냈다. 아이디어의 양이 늘어나면 성공 확률도 높아진다.

넷째, 자신의 일에 끝까지 관심을 갖고 계속해서 동기 부여를 해야 한다.

다섯째, 실패의 가능성을 인정하고 위기를 즐겨야 한다.

√뻔한 길이 아닌 다른 길

코로나19의 등장은 우리 사회의 많은 것들을 흔들어 놓았습니다. 난생처음 겪어보는 경험 앞에서 모두들 '위기'를 얘기했고, 그 위기 속에서 노동시장에는 '인디펜던트 워커'라는 말이 등장했습니다.

인디펜던트 워커(independent worker:독립적 노동자)란, 기업의 성쇠와 경제 흐름의 변화 등 수많은 외부 변수에도 결코 일을 잃지 않고 독립적이면서 자유롭게 또 주체적으로 일 할 수 있는 사람을 말합니다.

코로나19로 인해 해고와 실직이 가시화되면서 노동시장이 불안해지자 이러한 '인디펜던트 워커'라는 새로운 직업의 형태가 사람들에게 하나의 해법으로 떠올랐습니다. '평생직장'이 아닌 '평생직업'이 중요해진 시대에 자신만의 독립적인 기술과 핵심 역량을 키우고, 스스로를 브랜드화하는 것은 불안정한 노동시장에서 살아남는 새로운 돌파구로 제시됩니다.

'인디펜던트 워커'라는 세련되고 매력적인 말이 등장했을 때, 저는 놀랍지 않았습니다. 작가인 나는 세상이 보기엔 오랫동안 인디펜던트 워커였습니다. 작가는 어느 면으로 보나 인디펜던트 워커로 보이기 때문입니다.

'인디펜던트 워커'는 개인의 능력이 극대화된, 주체적으로 일하는 멋있는 노동자이기도 하지만, 한편으론 회사 없이 홀로 일하는 비정규 특수고용의 형태를 긍정하는 말이자, 기업의 구조조정과 고용 회피의 책임을 독립적이고 유능한 노동자가 되기 위해 '노력'하지 않는 개인의 책임으로 돌리는 단어이기도 합니다.

과거에도 현재에도 미래에도 열심히 일하는 사람은 존재합니다. 다만 프리랜서, 특수고용직, 인디펜던트 워커 등 이름만 다를 뿐입니다. 코로나19 이전 인디펜던트 워커의 노동과 코로나19 이후 인디펜던트 워커의 노동은 어떻게 다를 수 있을까요. 과연 코로나 시대 인디펜던트 워커는 새로운 노동의 형태를 제시할 수 있을까요.

그래서 저는 인디펜던트 워커를 뛰어넘는 '유니크 워커'를 제안합니다. 세상에 없는 유일한 명함을 가지고 싶지 않나요?

당신 속에 켜켜이 쌓여있는 생각만 바꾸면 됩니다. 이제 당신이 유니크 워커가 될 차례입니다.

고전평론가로 알려진 그녀는 현대 사회의 대안으로 청년들의 '백수 되기'를 제시하는데, 쉽게 말해서 정규직 되기를 포기하고 인디펜던트 워커가 되어서 공부하고 글쓰고 먹고 살라는 말입니다.

현대사회의 청년들이 취업경쟁에 매달리는 이유를 생존하기 위한 몸부림 '자본주의적 욕망'으로 취급합니다. 부모가 돈이 많거나 특출나게 운이 좋지 않은 이상 우리 사회 청년들은 집 있고, 삼시세끼 잘 챙겨 먹고 여가도 즐기는 '평범한 삶을 위해서 죽을 고생을 해야 하는' 처지에 있습니다.

결국, 자본주의 무한경쟁을 빠져나오려면 각자 알아서 공부하고 압도적인 아닌 독보적인 업을 만들어야 합니다.

그녀는 고전을 생동감 있게 재해석하는 식으로 글을 씁니다. 예를 들어 열하일기를 읽어보면 연암 박지원이 옥전현이라는 마을 점포에서 너무나도 재미있는 문장을 발견하게 되어 그걸 열심히 베끼자, 점포 주인이 연암에게 왜 그걸 베끼냐고 물으니까, 연암이 "돌아가서 우리나라 사람들에게 한번 읽혀서 모두들 허리를 잡고 한바탕 웃게 하려는 거요. 아마 이걸 읽는다면 입안에 든 밥알이 벌처럼 날아갈 것이며, 튼튼한 갓끈이라도 썩은 새끼처럼 끊어질 것이외다."라고 답하는 대목이 나오는데, 이런 대목들을 소개하며, 무려 300년 전에도 연암 같은 사람이 남을 웃기기 위해서 그러한 고생을 다 했다고 평하는 식입니다. 그런 이유로 그녀는 남녀노소를 가리지 않고 수많은 팬들을 거느리고 있습니다.

고전평론가는 그녀가 만든 직업입니다. '우주 유일의 고전평론가'라는 닉네임을 갖고 있습니다. 고전평론가 고미숙, 유니크 워커의 좋은 본보기입니다.

√당신만의 독보적인
'킬러 콘텐츠'를 찾아서

과거 우리들의 여가나 취미활동은 주민자치센터나 평생학습관 등에서 탁구, 배드민턴, 수영 등의 가벼운 스포츠나 꽃꽂이, 그림 그리기 등을 의미했습니다. 예전에 비해 향상된 교육환경과 소득수준은 신문화와 문물이 크게 확대돼 이제 각 개인이 마음만 먹으면 더욱 적극적으로 자기계발과 특기 발굴을 할 수 있고 일자리도 찾을 수 있게 됐습니다.

4차 산업혁명 시대에는 우리의 교육 커리큘럼도 인공지능(AI), 사물인터넷, 빅 데이트, 로봇분야 등이나 글로벌 리더십, 글로벌 감각, 전략 경영, 변화경영, 위기관리, 평판관리 등의 핵심 역량을 강화하는 쪽으로 변합니다.

이제 우리는 포노 사피엔스로 진화해야 합니다. 무엇보다 디지털 디바이스 활용 능력, 우리 몸의 일부가 되어버린 스마트기기의 사용기술을 적극 익히고 사용하는 능력을 배양해야 합니다.

또한 나 자신은 매력적인 스토리를 갖춘 사람, 디지털을 이용해 결합 혹은 융합을 통해 킬러콘텐츠를 장착한 부캐를 가져야 합니다.

당신은 어떤 부캐를 가지고 있습니까? 당신의 부캐가 가지고 있고 보여줄 수 있는 것에는 무엇이 있습니까?

당신이 생각하는 나는 누구이고 남들이 생각하는 나의 가치는 무엇입니까. '나'라는 브랜드는 나의 가치와 존재 이유를 설명할 수 있을 때 진정한 의미를 갖게 됩니다.

많은 상품 중에서 하이엔드 영역에 있는 상품은 최고의 제품을 의미합니다. 굳이 당신이 최고가 아니어도 좋습니다. 다만 당신이 독보적인 존재이면 좋겠습니다. 당신의 재능이나 기술이 다른 사람과 대체 불가하고, 모방 불가하며, 비교 불가해야 합니다.

현재를 사는 현대인들은 한결같이 불안합니다. 인공지능과 디지털 기술이 발전하고 일자리가 줄어들고 있습니다. 우리의 미래는 예고 없는 위험과 재난으로 불안하고 불확실성으로 두렵습니다.

각자도생의 시대, 이럴 때 우리가 취할 생존전략으로 당신이 모노폴리언이 되길 권합니다. 모노폴리언이란 이런 사람을 일컫습니다. 자신이 아니면 남이 할 수 없는 일을 함으로써 사회를 풍요롭게 하는 존재입니다. 타인의 궁극적 욕구를 충족시킴으로써 그들에 의해 독점적 존재로 선택된 사람입니다.

성큼 다가온 초개인의 시대, 당신이 직장인이라면 내일을 준비해야 합니다. 개인의 시대를 맞이해 부캐를 활용한 독립사업에 관한 부분과 직장에서 새로운 삶과 미래를 성찰하는 방법 등을 치열하게 고민해야 합니다.

* 개인이 '브랜드'이자 '플랫폼'이 돼 삶의 주도권 갖기
* 주어진 일을 수동적으로 처리하는 게 아니라 주체적으로 선택해서 일하기
* 관계를 유연하게 맺고 끊는 '느슨한 연대'를 통해 비즈니스에 임하기
* 직업, 기술, 학문의 경계를 오가며 나만의 콘텐츠를 확장하기

개인의 시대에는 곧 한 사람, 한 사람이 주인공입니다. 그 개

인의 가치가 극대화될 때, 과거의 삶이 제시했던 패러다임을 넘어 자신이 주인공이 되는 새로운 패러다임을 누릴 수 있으리라 생각합니다. 펜데믹, 언택트, 뉴애브노멀이라는 혼돈의 시대에서 새로운 기회를 찾고 있는 직장인들에게 본 책이 작은 도움이라도 될 수 있기를 기대합니다.

불확실성이 갈수록 커지는 시대에 위기를 기회로 만드는 부캐를 통한 새로운 일의 방식이 궁금한 직장인들에게 이 책을 다시 권해 주길 바랍니다.

'코로나19는 우리의 삶을 전혀 다르게 바꿀 것이며, 그 이전으로는 돌아갈 수 없다.'라고 각 분야의 전문가들이 이구동성으로 말하고 있습니다. 코로나19는 우리가 살고 있는 세상을 뿌리부터 흔들고 있습니다. 자연환경, 산업과 일자리, 국가와 정치, 금융과 부동산, 교육, 삶의 방식과 태도까지 모든 면에서 거대한 파도가 밀어닥치고 있습니다.

코로나19가 몰고 온 변화의 쓰나미는 가히 혁명적이라고 할 수 있습니다. 이미 4차 산업혁명의 시대에 살고 있으면서 일상생활 속에서 변화를 느끼고 있지만, 코로나19가 변화의 시계 바늘을 과거보다 100배 빠른 속도로 돌리고 있기 때문입니다. 부캐 열풍도 이 변화 중 하나입니다.

이번 주는 구청에서 세무 강의가 있습니다. 다음 주는 비즈니스 책 쓰기 강의가 있습니다. 그 다음 주는 콘텐츠 기획하기 미팅이 있습니다.

택스코디로 한 주를 살고, 북스빌더로 또 다른 한 주를 살고, 다시 잡빌더로 한 주를 보내는 일과표네요.

독서란 것이 차츰 습관이 될 무렵, 저도 모르게 동시에 여러 권의 책을 읽고 있는 모습을 발견합니다. 기억을 잠시 더듬어 보면 읽고 있던 책이 조금 지겨워질 때 즈음 다른 책을 꺼내 들었습니다. 그렇게 또 새로운 책을 집어 들고, 그러다 보니 여러 권의 책을 동시에 읽고 있던 나 자신을 발견하게 되었습니다.

인풋한 정보가 있으면 아웃풋은 저절로 되게 마련입니다. 또 저는 각 부캐의 특성에 맞게 여러 갈래의 글을 동시에 쓰고 있습니다. 다작의 비결을 물어보는 사람들이 제법 있는데, 이게 전부입니다.

매일 읽고 쓰는 삶, 강의가 없는 날이면 하루 대부분의 시간을 글쓰기에 투자하기도 합니다. 이게 다작 비결입니다.

코로나로 어디 갈 수도 없는 요즘, 글 감옥에 빠져 있습니다. 읽고 쓰는 게 습관을 넘어 생활이 되었습니다.

매일 쓴 글을 하나의 콘텐츠로 연결해 출판사에 투고를 하고 운이 좋게 계약을 하다 보니, 이번 달엔 동시에 여러 개의 교정

180

을 하고 있습니다. 덕분에 일주일 간격으로 새로운 책이 나오는 경험을 하기도 합니다. 스케쥴 일정표에는 온통 마감 날짜로 빼곡합니다. 마감 약속은 꼭 지켜야 한다고 스스로 다짐했으니 전 오늘도 글 감옥으로 향합니다.

또 하나의 부캐를 만들고 있습니다. '불편한 여행가'입니다.(닉네임은 아직 정하지 못했네요.) 돈 한 푼 없이 제주도로 갈 계획입니다. 때론 빌어먹기도 하고 굶기도 하겠죠. 노숙하기도 하고 운이 좋으면 따뜻한 아랫목에서도 잘 수도 있겠죠.

불편한 여행가의 캐치 프레이즈는 '돈 없이도 여행은 충분히 가능하다'입니다. 무전여행을 통한 좌충우돌 에피소드들을 글로 적고 그것을 다시 책으로 출간할 예정입니다. (아마도 제가 영상 편집을 하는 재주가 있었다면 매일매일 에피소드를 유튜브에 올렸을 것입니다. 글이든 영상이든 기록을 남긴다는 것이 중요합니다.)

일단 제주를 먼저 여행하고 전 세계를 무일푼으로 여행해 볼 생각입니다. (상상만 해도 설레입니다.) 저의 또 다른 부캐는 이렇게 시작하고 시도해서 완성해 나갈 것입니다.

평생직장의 개념이 사라진 MZ 세대에게 '승진'은 더 이상 자

181

신의 성장과 연결되지 않습니다. 따라서 자아 성취를 위해 또 다른 '직업'을 선택합니다. 공교롭게도 코로나로 인한 재택근무의 증가가 이런 선택을 부추깁니다.

당신은 어떤 부캐를 꿈꾸고 있나요? 혹시 꿈꿔왔던 부캐가 있다면 지금 바로 시작해 보세요. 건투를 빕니다.

부캐 닉네임 만들기

저는 닉네임 만들 때에 공을 많이 들이는 편입니다. 부캐를 만들면 본명이 아닌 닉네임으로 계속 불려지기 때문입니다.

닉네임을 만들 때는 제가 정한 몇 가지 기준이 있습니다.

1. 짧은 단어로 부캐의 정체성이 담겨야 한다.
2. 네이버에 검색이 안 되는 새로운 단어야 한다.
3. 부르기가 쉬워야 한다.

지금은 누구나 자기 일을 기획하고 실행할 수 있는 시대입니다. 그런 관점에서 보면 내가 마케터가 아니어서, 내가 카피라이터가 아니어서, 홍보하는 방법을 몰라도 되고, 카피 쓰기를 몰라도 된다고 생각할 수

있는 세상이 아닙니다.

이제는 모두가 다 카피라이터고 마케터인 시대입니다. 인스타그램에 페북에 올리는 글 한 줄, 사진 한 장도 공들여 쓰고, 그 반응을 주목합니다. 더군다나 1인 기업가라면, 내 팔로워 숫자에 따라 매출이 좌우되기도 합니다.

1인 사업가, 프리랜서, 인디펜던트 워커가 많아지는 시대입니다. 사무실 대신 공유 오피스 혹은 카페, 집에서도 자신의 일을 할 수 있는 시대입니다. 이제는 누구나 자신을 알려야 하고, 그래서 크리에이터가 되어야 하는 시대입니다.

카피 쓰기는 카피라이터만의 전유물이 아닌 누구나 해야 하는 일이 됐습니다. 좋은 카피를 쓰기 위해 가장 중요한 자질 두 가지를 뽑는다면 사고력과 집중력입니다.

비단 카피 쓰기일 뿐이랴. 어떤 일에서든 새로운 차이를 만들고자 한다면 사고력과 집중력은 필수 요건입니다.

사고력과 집중력을 키우기 위해선 스스로를 잘 관찰하는 것만큼 중요한 것도 없습니다. 내가 놀랐던 포인트, 내가 감동 했던 포인트, 그

맥락을 잘 기억했다가 그걸 그대로 상대에게 적용해보는 것입니다.

그러기 위해선 사람, 책, 영화 등 다양한 자극을 통해서 내 마음을 흔들었던 경험을 많이 쌓아두어야 합니다.

막연한 긍정과 집요한 긍정은 다릅니다! 잘 되겠지 하고 내버려 두는 것이 아니라, 잘 될 거야 하고 집중하고, 물고 늘어지는 것입니다.

반드시 좋은 카피가 탄생할 거라 사고하고 집중하는 자세가 필요합니다. 그렇게 되면 샤워를 하다가도, 밥을 먹다가도 불현듯 좋은 문구가 나옵니다.

모두가 다 카피라이터고 마케터인 시대, 나 하나 살릴 정도의 카피는 쓸 줄 알아야 합니다.

부캐 닉네임 정도는 스스로 만들 줄 알아야 합니다.

부캐가 가진 콘텐츠를 잘 알려줄 수 있는 닉네임을 짓는 것은 중요합니다.

저의 첫 부캐는 '택스코디'라는 닉네임을 가지고 있습니다. TAX와 COORDINATOR의 합성으로 ' TAXCODI' 라는 닉네임을 만들었습니다.

　세무라는 단어가 주는 무게감이 있기에 비교적 가벼운 느낌의 단어인 코디네이터를 합성하여 택스코디라는 닉네임을 만들었습니다. 제가 강의하는 '어려운 세무/ 쉽게 배우기'라는 주제와도 잘 어울리는 닉네임입니다.

　다시 강조하지만 닉네임은 부캐가 제공하는 콘텐츠를 잘 표현해야 합니다. 그리고, 부르기가 수월해야 합니다. 또한 네이버에 검색하여 노출이 안 되는 신선한 닉네임이면 좋습니다. 저는 이 세가지 원칙으로 닉네임을 결정합니다.
　이제는 택스코디라고 네이버에서 검색하면 제법 많은 포스팅 글이 보입니다. 이렇게 택스코디라는 부캐를 알려 나가면 자신만의 닉네임이 브랜드로 완성됩니다.

부캐 콘텐츠 만들기

　창조적 파괴(Creative Destruction)란 무엇일까요? 우리에겐 생소한

186

단어입니다. 이 용어가 세상에 등장한 1912년 경제학자 조셉 슘페터가 기술의 발달에 경제가 얼마나 잘 적응해 나가는지를 설명하기 위해 제시했던 개념입니다. 그런데 21세기, 100년이 지난 이 시점에 아직도 많은 이들에게 회자되고 있으니 경이롭기까지 합니다.

그는 자본주의의 역동성을 가져오는 가장 큰 요인으로 창조적 혁신을 주창했으며, 특히 경제발전 과정에서 기업가의 창조적 파괴 행위를 강조합니다.

쉽게 설명하면 기존 패러다임을 깨고 룰 브레이커(Rule Breaker)의 역할을 해야 한다는 것입니다.

키 162센티미터에 45킬로그램. 지방대 출신의 영어강사. 평범하다 못해 루저라 불릴 만큼 내세울게 없던 남자. 이 모든 게 그를 따라다니던 꼬리표였죠. 가진 거라곤 포기를 모르는 도전정신, 그리고 기존의 관행을 과감히 깨버리는 룰 브레이커(Rule Breaker)의 모습이었습니다. 그런 그가 2009년 미국 타임지가 선정한 세계에서 가장 영향력 있는 100인에 선정됩니다.

그의 이름은 "마윈". 중국에서 두 번째로 돈이 많은 부자이자, 세계 4대 IT 기업인 알리바바의 창업자입니다. 그는 어떻게 보잘 것 없던 시

골학교 영어강사에서 중국 최대의 IT기업을 만든 창업가로 성공할 수 있었을까요? 바로 평범함 속에서도 끊임없이 도전하고 변화를 시도했던 창조적 파괴에 있었습니다.

중학교 때 영어선생님의 짝사랑으로 시작된 그의 영어공부가 인생의 전환점을 알리는 계기가 되었죠. 시작은 순탄치 않았습니다. 1992년 하이보라는 통역회사를 설립했지만, 무리한 사무실 운영과 직원의 횡령으로 처절한 실패를 경험하게 됩니다. 이후 1995년 미국 출장길에 인터넷을 접하고, 인터넷 불모지인 중국에서 인터넷 관련 사업을 창업하게 되지만 돌아온 건 쓰디 쓴 또 한 번의 실패였죠. 그때부터 주변 사람들은 또 다른 그의 창업을 말립니다.

영어강사라는 편안한 길을 두고 창업이라는 어려운 길을 선택한 마윈을 한심한 눈길로 바라보았습니다. 하지만 여기에 굴하지 않은 마윈은 1999년 B2B사이트인 지금의 알리바바를 창업하고, 급변하는 시대적 변화에 맞춰 끊임없이 도전과 변화를 거듭하여 성공을 거두게 됩니다. 그의 성공비결은 무엇일까요? 의외로 단순함에 놀라게 됩니다. 기존의 생각과 관행을 철저하게 깨버렸던 것입니다. 쉬운 듯 보이지만, 쉽지 않은 행보이며 부캐의 콘텐츠가 독보적이려면 이것에 주목해야

188

합니다.

그는 90%가 찬성하는 방안이 있다면, 미련 없이 쓰레기통에 갖다 버렸다고 합니다. 이유는 딱 하나입니다. 그렇게 많은 사람들이 좋아하는 계획이라면 분명 많은 사람들이 시도했을 것이라는 그의 판단이었죠. 그는 항상 10%만이 추구하는 아이디어를 채택합니다. 기존의 룰을 과감히 깨버리는 그의 횡보는 창조적 파괴의 표상입니다.

처음 택스코디라는 부캐를 만들어 세금 책을 쓴다고 하니 많은 사람이 비웃었습니다. 세무사도 아니면서 무슨 세금 책을 쓰냐고 비아냥거렸습니다.

새로운 콘텐츠의 시작은 '낯섦'부터라고 생각합니다. 한없이 익숙하게 느끼며 살고 있었던 세상 모든 것을 낯설게 바라봐야 합니다.

'저런 기발한 생각을 어떻게 한 거야?'

세상을 늘 익숙하게 바라보던 시각으로는 기발한 발상을 하는 것은 어려운 일입니다.

저는 늘 세상을 삐딱하게 바라보는 것을 연습중이다. 조금 다른 관점에서 바라보려고 노력 중입니다. 익숙한 세상과 맞서야 하기에 쉽지는

않습니다.

익숙하다는 것은 편한 일입니다. 편한 것을 버리고 어려운 것을 선택하는 것이 기획의 시작입니다. 새로운 발상은 조금 삐딱하게 바라봐야 합니다. 남들과는 다르게 생각해야 합니다.

낯선 시각으로 세상을 보아야 합니다. 세상을 낯설게 바라보기 위해선 편견과 고정관념에도 맞서야 합니다. 아니 정면으로 부딪혀야 할 순간도 제법 찾아옵니다.

택스코디는 정면으로 부딪혀 탄생한 부캐입니다.

'세무사도 아닌데 세무 책을 쓴다고? 세무 강의를 한다고? 그게 말이 돼?'

때로는 이런 터무니없는 발상이 좋은 결과를 가져옵니다.

새로운 콘텐츠를 기획하는데 있어서, 역발상만큼 좋은 것도 없습니다. 기발한 콘텐츠를 가진 부캐를 만들고 싶나요? 그렇다면 세상을 '삐딱하게 바라보는 것' 부터 시작하세요.

부캐를 통해 경제적 자유를 누리기 위해서는 부캐가 가진 콘텐츠가

압도적이거나 혹은 독보적이어야 합니다.

그렇다면 압도적인 게 쉬울까요? 독보적인 게 쉬울까요?

답은 당연히 독보적인 것이 더 쉽습니다. 그런데 사람들은 독보적인 걸 대단히 어렵게 생각합니다. 그 이유는 생각이 편협하기 때문이죠. 편협한 사고로는 독보적인 콘텐츠를 만드는 상상력을 발휘하기가 어렵습니다.

유니크 워커는 한 마디로 독보적인 사람입니다. 그래서 사고의 폭을 넓히는 것이 무엇보다 중요합니다. 회의론적인 시각으로 세상의 편견, 고정관념과 맞서야 합니다. 그래야만 독보적이게 됩니다. 택스코디라는 부캐로 독보적인 사업을 구축할 수 있게 된 이유도 고정관념에 정면으로 부딪혔기 때문입니다. 세무사만 세무 강의를 할수 있다는 고정관념을 넘어섰기 때문입니다.

그럼 사고의 폭은 어떻게 넓혀야 할까요? 가장 쉽고 가성비 높은 방법이 독서입니다. 단 일반적으로 수용하는 수동적인 독서가 아니라 비판적으로(삐딱한 시각으로) 독서를 해야 합니다.

비판적인 독서는 기존의 통념과 고정관념에 정면으로 맞서는 힘을

줍다. 독서를 통해 당신의 의식의 크기는 커질 것이고, 다르게 생각하는 힘으로 당신은 세상에 없는 유일한 부캐를 가질 것입니다.

부캐 강연하기

이제는 한 사람 한 사람이 기업화되고, 자신만의 콘텐츠로 무장한 사람만이 살아남을 수 있는 세상입니다. 대중 앞에서 자신의 콘텐츠에 대해 전달해야 할 기회와 순간도 그만큼 늘어났습니다. 예전처럼 강사만 강의 하는 시대는 이미 지나간 지 오래입니다.

자신의 가치를 더욱 끌어올리기 위해 강의력은 선택이 아닌 필수적 요소입니다.

부캐가 가진 콘텐츠가 출판사로부터 인정받아 책으로 시중에 나오게 되면, 자연스럽게 강의 요청이 들어옵니다. 지금도 또렷하게 첫 강의의 떨림이 느껴집니다.

강의 관련 책을 보면 꼭 나오는 내용 중의 하나가 스피치 하는 방법

입니다.

예를 들면 강조할 키워드를 사전에 찾아서 강의 중에 그 단어를 강조해라. 강약조절을 하면서 얘기하는 문장에 리듬을 타라. 말하는 속도를 일정하게 하지 말고 때론 빠르게 때론 느리게 조절해라. 등이 있습니다.

이런 설명들이 나쁘지는 않습니다. 단 의도적이지 않았으면 좋겠습니다. 자연스럽게 나와야 합니다.

저는 강의 중에 진심을 담기 위해 노력합니다. 한마디, 한마디에 저의 혼을 담습니다. 그러니 중요한 단어에는 당연히 힘이 실리고, 자연스러운 강약조절, 말하는 속도 역시 자연스럽게 조절이 됩니다.

올바른 글쓰기, 올바른 강연법, 그 방법들을 부정하지는 않습니다. 단, 그보다 선행해야 할 것은 그 글과 말에 혼을 담는 것입니다. 자기만의 진심을 담아야만 독자와 청중과 같이 호흡할 수 있습니다.

진심을 담은 강의를 하면 강사의 표정 역시 자연스러워집니다. 청중과 같이 웃을 수 있고, 때론 같이 울 수도 있습니다. (가식적인 웃음은 표가 나며 청중도 바로 알아봅니다.)

자연스럽게 청중들과 눈을 맞추고 그 진심 어린 시선에 청중은 깊이

공감합니다. 스피치 학원에서도 청중과의 눈맞춤을 강조합니다. 당신의 강의가 진정성 있는 강의라면 그 눈 맞춤은 자연스러워집니다.

저는 강의하는 동안 몰입이 됩니다. 그 몰입되는 순간은 더욱 청중과 깊이 공감할 수 있습니다. 강사의 몰입 순간과 청중의 몰입 순간은 비례합니다.

저는 스피치학원을 다녀 본 적은 없습니다. 그 학원에서 말하는 방법, 말할 때의 몸짓 등을 배우는 것을 잘못된 것이라고 단정하지는 않습니다. 다시 강조하지만 그보다 선행해야 할 것은 강의의 진정성입니다.

이런 식당이 있습니다. 인테리어도 화려하고 종업원들도 상당히 친절합니다. 메뉴판 등 아주 작은 디테일도 나무랄 때가 없습니다. 심지어 음식을 담은 그릇, 플레이팅도 훌륭합니다. 그런데 음식의 맛이 별로라면?

본질이 중요합니다. 진심을 담은 강의는 맛이 있습니다.

눈 맞춤으로 시작하고 질문으로 소통해야 합니다.

저도 처음에는 청중들과 눈을 맞추는 것이 너무 어색했습니다. (자주 하다 보면 이 어색함은 사라집니다.)

강의는 강사 한 명이 다수와 눈을 맞추는 것입니다. 평소 대화는 잘 하는 사람도 강의를 주저하는 경우가 많이 있습니다. 대화는 한 명과 눈을 맞추면 되지만, 강의는 다수와 눈을 맞추는 것이기 때문입니다. 다수의 청중도 결국은 한 명, 한 명이 모인 것입니다.

한 명, 한 명과 눈을 맞춰보세요. 그러면 어느새 강의를 듣기 위해 모인 모든 사람들과 눈맞춤을 할 것입니다. 모든 청중과 눈을 맞추면 되는 것입니다. 강의는 그렇게 눈맞춤으로 시작됩니다.

그리고 한 사람과 대화한다는 기분으로 강의를 시작하세요. 그렇게 또 다른 사람과 눈을 맞추고 대화를 연결해 가면 됩니다.

강사가 일방적으로 얘기하는 것보다 청중과 소통하면 훨씬 청중들은 잘 교감합니다. 이럴 때는 질문을 하는 것이 효과적입니다. 뻔한 질문 과 뻔한 답이 오가는 것도 상관없습니다. 어차피 질문의 목적은 청중들 의 적극적인 참여를 유도하는 것이기 때문입니다. 강의 중의 질문은 수 동적인 청중을 능동적으로 바꾸는 강력한 무기가 됩니다.

　청중의 뇌는 질문을 받으면 일단 긴장을 하게 되고, 다음 질문에 대비하기 위하여 개방적으로 변하게 된다고 합니다. 이런 뇌란 놈을 잘 조종하면 당신의 강의는 당신의 의도대로 청중을 잘 설득할 수 있게 됩니다.

　눈 맞춤으로 시작하고 질문으로 소통하면 당신의 강의는 청중들과 깊은 교감을 할 것입니다.